Vacuisine

Aroma pur
Vakuumgaren im Steamer

Claudia Casarramona

Vacuisine

Aroma pur
Vakuumgaren im Steamer

FONA

Danke
Dieses Buch wurde in Zusammenarbeit mit der V-Zug AG realisiert.
Herzlichen Dank für die Unterstützung.

www.fona.ch

Lektorat
Léonie Schmid

Konzept und Gestaltung
FonaGrafik, Stefanie von Däniken, Hiroe Mori

Foodbilder
Andreas Thumm, Freiburg i. Br.

Druck
Druckerei Uhl, Radolfzell

ISBN 978-3-03780-482-7

Inhalt

Einführung 13

Tipps und Tricks 14

Suppen 16

Marroni-Apfel-Suppe mit Kalbfleischröllchen 18
Kichererbsensuppe mit Datteln und Riesenkrevette 20
Randen-Kokos-Suppe mit Jakobsmuschel 22
Peperoni-Melonen-Suppe mit Lammfilet 24
Wermutsuppe mit Zuckermais und Fleischbällchen 26
Klare Linsensuppe mit Speck und Honigcroûtons 28
Kalte Brokkolisuppe mit Gorgonzola 30

Kleine Gerichte 32

Käsecrêpes mit Safranlauch 34
Scampi mit Kamilleblüten auf Honigschalotten 36
Weisser Spargel mit Tomatenhollandaise 38
Sandwich von Roastbeef 40
Zwiebel-Speck-Brot mit Kresse 42
Lauwarmer Tomaten-Mozzarella-Salat mit Olivensablé 44
Tartelettes mit Ziegenkäse und Äpfeln 46
Gurkentatar und geräucherte Forelle auf Wasabimousse 48
Gebeizter Lachs auf Orangen-Fenchel-Salat 50
Stundenei auf Kartoffelpüree, mit Belper Knolle 52

Fleisch 54

Rindsfiletmedaillon auf Rotweinrisotto 56
Kalbsrücken mit Birnen und Specksauce 58
Kalbsbäggli mit Brokkoli-Kartoffelpüree 60
Würzige Pouletschenkel und Ofenfrites 62
Gefülltes Pouletbrüstchen auf Basilikumrisotto 64
Step by step 66
Entenbrust auf Brombeer-Trevisano 68
Lamm mit Laugenbrot-Zimt-Kruste 70
Vitello mit Ratatouille-Vinaigrette und Basilikumsorbet 72
Lammhuft auf weissem Bohnenpüree 74
Rotes Poulet-Curry mit Gemüse und Duftreis 76
Lammrack mit Rösti und Schmorgurken 78
Schweinskotelett mit Peperonisauce und Rotweinnudeln 80
Schweinsfilet mit Dörrpflaumensauce und Mohnschupfnudeln 82

Fisch 84

Thunfisch mit Sternanis auf Gerste mit Peperonisauce 86
Seeteufelmedaillon auf Gorgonzola-Spinat mit Gnocchi und Cassissauce 88
Vanille-Wolfsbarsch mit Sauerkraut 90
Saibling auf Linsen mit Kurkuma-Orangen-Polenta und Mandelschaum 92
Zander mit Basmatireis, Frühlingszwiebeln und Mango 94
Steinbutt auf Sellerie-Currycouscous mit Koriandersauce 96
Dorsch auf Thymian-Kartoffelstampf, mit Ratatouille 98
Step by step 100
Lachs auf Spargel-Kartoffel-Gemüse 102
Eglifilets im Glas mit Bulgur 104

Desserts 106

Schokoladenflan mit Kürbissauce 108
Weisse Schokoladenküchlein mit Apfelperlen 110
Frühlingsrolle mit Pistazienglace und Bananenkompott 112
Erdbeeren mit Hibiskus und Joghurtmousse 114
Ananascarpaccio mit Süssholzaroma und Streusel 116
Beerencappuccino mit Zimt 118
Birne mit Honigglace und karamellisiertem Anis 120
Dörrobstsalat mit Macis-Zimt-Glace 122
Kokosnusssoufflé mit Kirschenkompott 124
Lemon Curd mit Rhabarberkompott 126
Erdbeersorbet auf Johannisbeeren 128
Pfirsiche mit Sauerrahmcreme und Macadamiakrokant 130

Bouillon 132

Gemüsebouillon 134
Hühnerbouillon 135
Fleischbouillon 136

Register 138

Akteure 141

Für mehr Genuss – Vakuumgaren im Dampf

Kochen soll Spass machen, möglichst wenig Stress verursachen und jeder einzelne Bissen Appetit auf mehr machen. Man muss dafür kein Profi sein. Der unverzichtbare Profi ist das Küchengerät, dem man Fleisch und Fisch, Gemüse und Früchte, wohlbehütet im Vakuumbeutel, anvertraut. Und damit sind gleich die sensibelsten Lebensmittel in guter Obhut und man hat Kopf und Hände frei, um sich um die weiteren Menü-Komponenten kümmern zu können.

Vakuumgaren im Dampf hat viele Vorteile. Nicht umsonst sprechen Kulinarikexperten von der spektakulärsten Kochentdeckung der letzten 35 Jahre. Die Rezepte in diesem Buch wurden mit einem V-Zug-Combi-Steam zubereitet, der jetzt auch Sous-vide-tauglich ist; die Dampftemperatur kann zwischen 30 und 100 °C präzise eingestellt werden. Mehr Präzision bedeutet auch mehr Genuss.

Durch das Vakuumieren bekommen die Lebensmittel eine schützende Hülle. Ziel ist, mit dem Dampfgaren unter Luftausschluss die natürlichen Aromen und die frischen Farben bestmöglich zu erhalten. Vacuisine bedeutet mehr Genuss für das Auge und den Gaumen und ist ein Plus für die Gesundheit. Schonendes Garen unter Luftausschluss bedeutet auch einen schonenden Umgang mit den wertvollen Inhaltsstoffen. Darüber hinaus schont das Vakuumgaren die Textur. Ein Fisch wird nicht mehr zerfallen, und auch bei den Früchten bleibt die knackige Frische, wenn erwünscht, erhalten. Vakuumgaren ist eine Seite, Garen bei niedriger Temperatur die andere. Beide tragen dazu bei, dass Fleisch und Fisch so zart werden, wie das bei konventioneller Kochtechnik nicht möglich ist.

Die Küchentechnologie ist erneut einen Schritt weiter – auch der Privathaushalt kann davon profitieren!

Vacuisine auf einen Blick

Die wichtigsten Vorteile von Vacuisine

- Speisen lassen sich gut vorbereiten
- nichts brennt an oder kocht über
- intensive Aromen
- Fleisch und Fisch werden zarter
- kein Austrocknen und mehr Saftigkeit
- weniger Garverlust
- die Textur bleibt optimal erhalten
- durch und durch gesund, weil die Nährstoffe geschont werden
- längere Haltbarkeit dank geringer Oxidation
- Frische und Farben bleiben erhalten
- weniger Würzmittel nötig
- keine Geruchimmissionen in Küche und Wohnung

So funktioniert Vacuisine

1. Lebensmittel nach Rezept vorbereiten
2. Gargut in den Vakuumbeutel füllen
3. Luft absaugen und Beutel verschweissen
4. Inhalt des Vakuumbeutels im Dampf garen
5. Beutel nach Angabe im Rezepte öffnen und das Gargut servieren

Vakuumieren

Sauberes Einfüllen: Vor dem Einfüllen den Beutelrand nach aussen stülpen – so bleiben Rand und ganzer Beutel sauber. Zum Einfüllen von Flüssigkeit verwendet man mit Vorteil einen Trichter.

Flüssigkeit: Das Einfüllen von Flüssigkeit ist nicht bei jedem Vakuumiergerät gleich einfach (Gebrauchsanweisung des Geräteherstellers beachten). Wenn sich das Gerät gar nicht eignet, ersetzt man das Öl durch ein Stückchen Butter. Bouillon, Fond, Saucen, Marinaden oder andere Flüssigkeiten werden vorgängig im Eiswürfelbehälter gefroren. So kann die Flüssigkeit problemlos vakuumiert werden. Das Eis schmilzt während des Garens. Eine Flüssigkeit sollte man immer nur leicht vakuumieren.

Gargut: Die Zutaten müssen im Beutel nebeneinander und nicht übereinander liegen, damit alle Zutaten die gleiche Temperatur erlangen können.
Öffnen eines Beuteln mit Flüssigkeit: Man legt den Beutel in eine Schale, schneidet ihn über zwei Ecken auf und lässt das Gargut samt Flüssigkeit herausgleiten.

Nach dem Garen

Röstaroma: Je nach Rezept wird das Fleisch oder der Fisch nach dem Vakuumgaren noch kurz in der Bratpfanne gebraten (siehe Rezept).

Fleisch vom Grill: Vacuisine lässt sich auch zum Grillen nutzen. Das Fleisch wird im Beutel gegart und dann nur noch kurz auf den Rost gelegt. So erreicht man den perfekten Garpunkt und das Fleisch erhält eine typische Grillzeichnung.

Vakuumgaren für den Vorrat: Beutel nach dem Garen sofort im Eiswasser abschrecken.

Vakuumieren hat noch weitere Vorteile

Fleisch lagern: Fleisch vakuumieren und im Kühlschrank reifen lassen (gemäss Angaben des Metzgers).

Schnelle Pickles: Gemüse in Scheiben, Streifen oder Würfel schneiden oder Kügelchen ausstechen und in einem kalten Sud (z. B. Essig, Zucker, Gewürze) vakuumieren. Das Gemüse nimmt das Aroma in kürzester Zeit auf, ohne dass es in der Pfanne im heissen Sud ziehen muss.

Vakuumierbeutel statt Einmachgläser: Ob Gemüse in Marinaden oder Chutneys – vieles kann vakuumiert und im Beutel optimal aufbewahrt werden. Die Beutel beanspruchen im Kühlschrank weniger Platz als Einmachgläser.

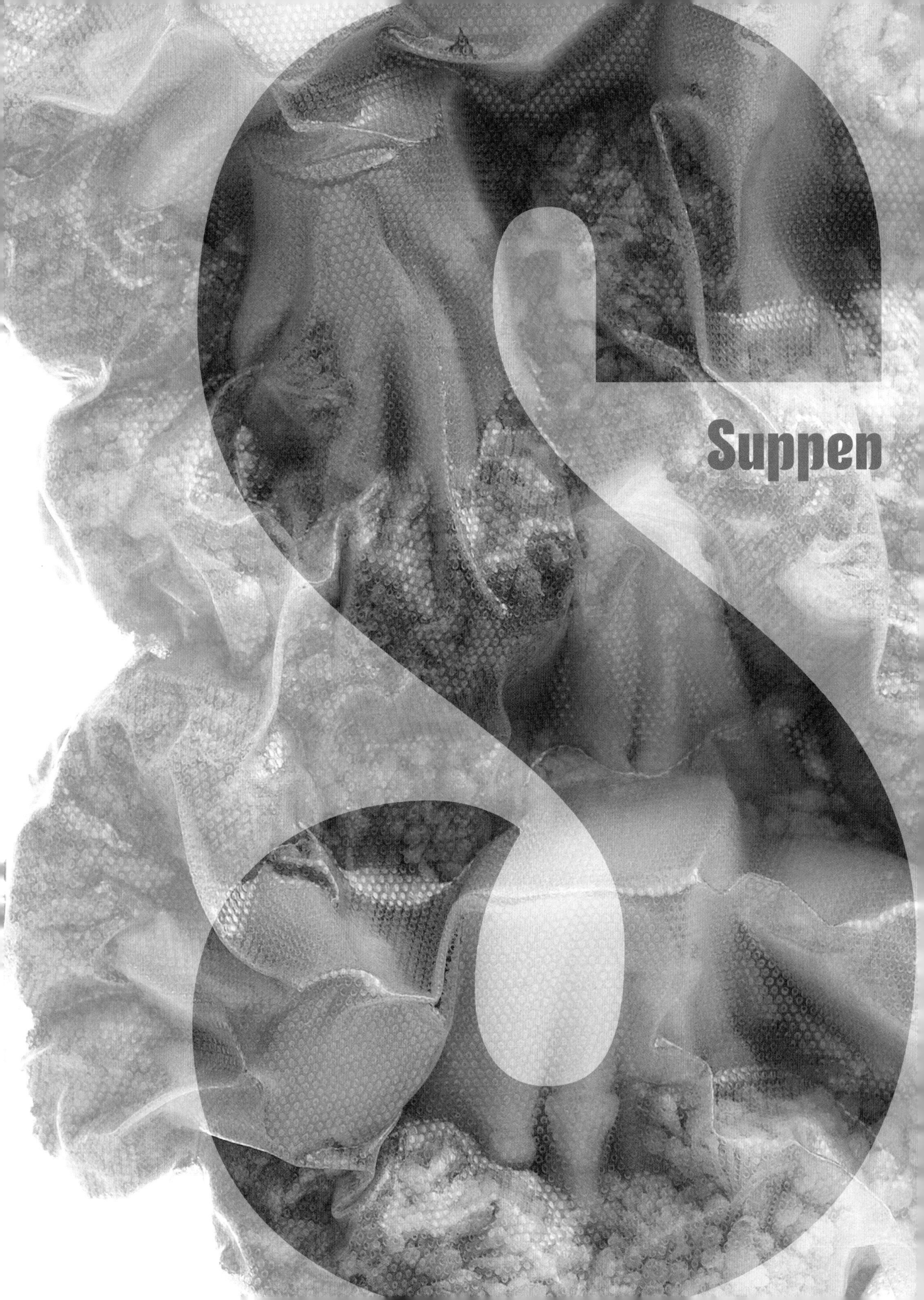

Suppen

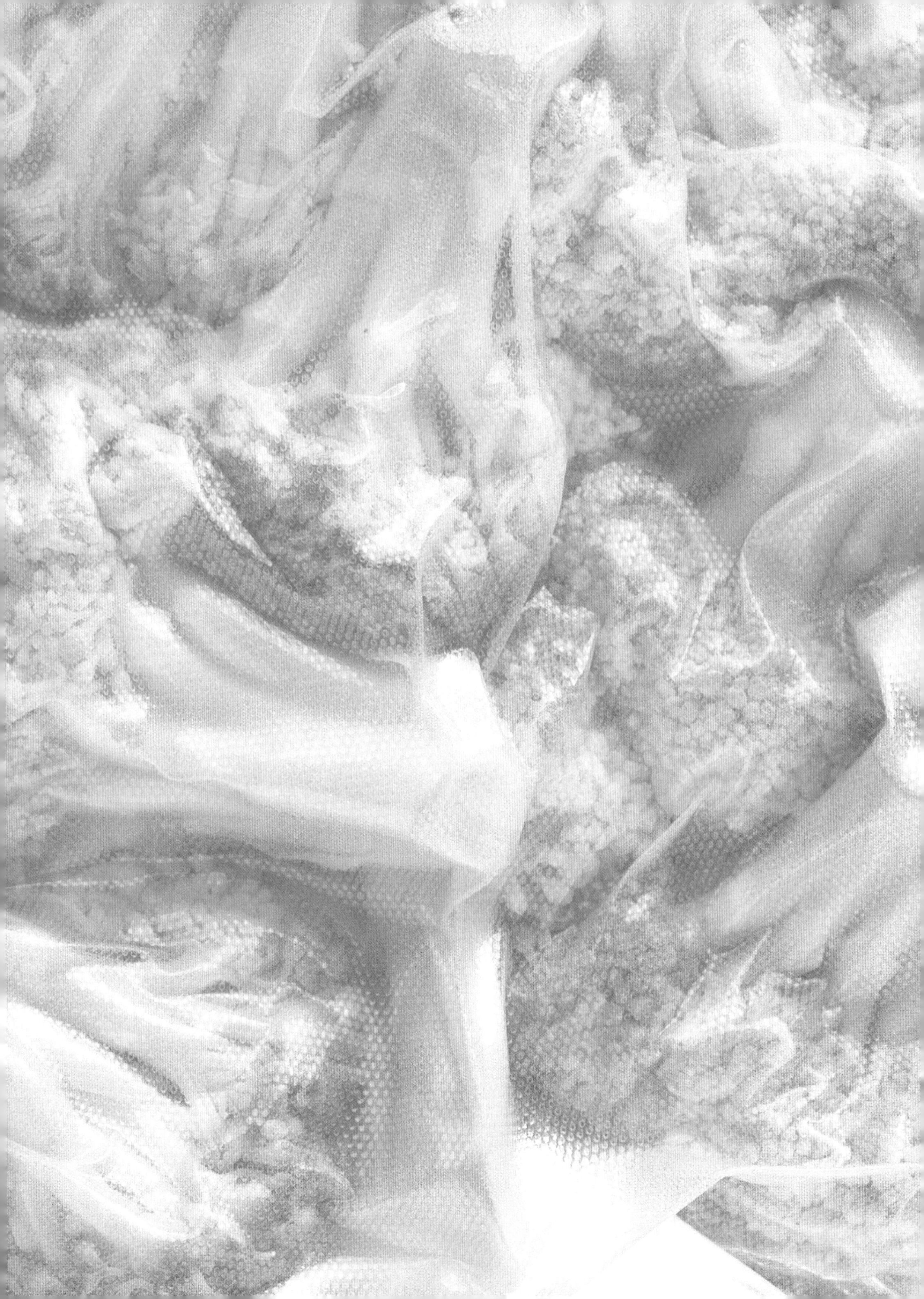

Marroni-Apfel-Suppe mit Kalbfleischröllchen

Suppe
1 EL Öl
1 Schalotte, klein gewürfelt
2 Äpfel
400 g tiefgekühlte Marroni
3 dl/300 ml Apfelwein
4 dl/400 ml Gemüsebouillon, Seite 134
2 dl/200 ml Rahm
2 Rosmarinzweiglein
Salz
Pfeffer aus der Mühle

Fleischröllchen
2 Kalbsschnitzel, je 85 g
Salz
Pfeffer aus der Mühle
2 Scheiben Parmaschinken
2 Salbeiblätter
1 EL Öl

Suppe

Äpfel schälen, vierteln und entkernen, Apfelviertel in Schnitze schneiden. Schalotten im Öl andünsten. Zwei Apfelschnitzchen für die Fleischröllchen auf die Seite legen, übrige Äpfel mit Marroni zu den Schalotten geben und andünsten, mit Apfelwein ablöschen, auf die Hälfte einkochen lassen. Gemüsebouillon, Rahm und Rosmarin beifügen, Suppe etwa 20 Minuten köcheln lassen. Rosmarin entfernen. Suppe pürieren, abschmecken mit Salz und Pfeffer.

Fleischröllchen

Kalbsschnitzel flach klopfen und mit Salz und Pfeffer wenig würzen. Fleisch mit Parmaschinken, Salbei und Apfelschnitzchen belegen, einrollen. Fleischröllchen satt in Klarsichtfolie einwickeln, Enden zudrehen, in einen Beutel legen und vakuumieren. Mit Dämpfen 60 °C während 25 Minuten garen.

Anrichten

Fleischröllchen aus dem Beutel nehmen und im heissen Öl rundum kurz anbraten, in Scheiben schneiden. Heisse Suppe auf vorgewärmte Teller verteilen, Fleischscheiben in die Suppe legen.

Kichererbsensuppe mit Datteln und Riesenkrevette

Suppe

100 g Kichererbsen, über Nacht in Wasser eingeweicht
1 EL Olivenöl
1 kleine Zwiebel
2 Knoblauchzehen
500 g Tomaten
2 dl / 200 ml Weisswein
7 dl / 700 ml kräftige Gemüsebouillon, Seite 134
2 Zitronenthymianzweiglein
4 EL Rahm
½ TL Kreuzkümmel
1 Msp Cayennepfeffer
Salz
Pfeffer aus der Mühle

Einlage

4 Riesenkrevetten, küchenfertig
6 Zitronenthymianzweiglein
1 EL Olivenöl
Salz

40 g Datteln, entsteint, in Streifen

Kichererbsen

Hülsenfrüchte in viel frischem Wasser aufkochen, bei schwacher Hitze weich garen.

Riesenkrevetten

Riesenkrevetten und Zitronenthymian in einen Beutel legen, vakuumieren. Mit Dämpfen 55 °C während 15 Minuten garen.

Vorbereiten (Suppe)

Zwiebel klein würfeln. Knoblauchzehen in Scheiben schneiden. Stielansatz der Tomaten ausstechen, vierteln und entkernen, Tomatenviertel in Würfelchen schneiden (4 EL für die Garnitur beiseitelegen).

Suppe zubereiten

Zwiebeln und Knoblauch im Olivenöl andünsten, Tomaten mitdünsten, mit Weisswein ablöschen, auf die Hälfte einkochen lassen. Die Hälfte der Kichererbsen und den Zitronenthymian zugeben, 5 Minuten köcheln lassen. Thymian entfernen, Suppe pürieren, Rahm zugeben, nochmals köcheln lassen. Würzen.

Anrichten

Riesenkrevetten aus dem Beutel nehmen und im Öl beidseitig kurz braten. Datteln, Tomatenwürfelchen und Kichererbsen im Dampfgarer erwärmen, auf vorgewärmte Teller verteilen, heisse Suppe dazugiessen, Riesenkrevette darauflegen.

Randen-Kokos-Suppe mit Jakobsmuschel

Suppe
4 dl/400 ml Kokosmilch
1½ TL Salz
1 kg gekochte Randen
3½ dl/350 ml Wasser
1 Chilischote
4 cm Ingwer

Einlage
8 Jakobsmuscheln
25 g Butter
3 cm Ingwer, geschält, in Scheiben
Salz

Kokosnussschaum
2 dl/200 ml Milch
30 g Kokosflocken

Vorbereiten (Suppe)
Randen schälen und in etwa 1 cm grosse Würfel schneiden. Chilischote aufschneiden, entkernen. Ingwer schälen und in Würfelchen schneiden.

Suppe zubereiten
Kokosmilch und Salz aufkochen, restliche Zutaten zugeben, bei schwacher Hitze 10 Minuten köcheln lassen.

Einlage
Ingwer in der Butter erwärmen, bei schwacher Hitze 5 Minuten ziehen lassen, Butter abgiessen, im Kühlschrank fest werden lassen. Ingwerbutter und Jakobsmuscheln vakuumieren. Mit Dämpfen 47 °C während 25 Minuten garen.

Kokosnussschaum
Milch mit Kokosflocken erwärmen, vor dem Servieren mit dem Pürierstab aufschäumen.

Anrichten
Randensuppe erhitzen und mit Salz abschmecken, auf vorgewärmte Teller verteilen. Kokosschaum auf die Suppe geben. Jakobsmuscheln mit Fleur de Sel abschmecken, in die Suppe legen.

Peperoni-Melonen-Suppe mit Lammfilet

Suppe
2 gelbe Peperoni
1 Galia-Melone
20 g Butter
2 EL Curry
1 TL Salz
1½ dl / 150 ml Weisswein
1½ dl / 150 ml Rahm
1 dl / 100 ml Gemüsebouillon,
Seite 134
Salz
Cayennepfeffer

Spiesschen
2 Lammfilets
1 EL Öl

Vorbereiten (Suppe)
Peperoni halbieren, Stielansatz, Kerne und weisse Rippen entfernen, Schotenhälften schälen, in kleine Stücke schneiden. Melone halbieren, entkernen und schälen, Fruchthälften in Würfelchen schneiden.

Suppe zubereiten
Butter schmelzen, Curry und Salz unterrühren, mit Peperoni und Melonen in einen Beutel füllen. Wenn die Butter fest ist, Beutel vakuumieren. Mit Dämpfen 85 °C während 60 Minuten garen. Weisswein, Rahm und Gemüsebouillon aufkochen, Vakuumbeutel aufschneiden und den Inhalt mit Saft zugeben, Suppe pürieren und aufschäumen, abschmecken mit Salz und Cayennepfeffer.

Spiesschen
Lammfilets im heissen Öl braten, portionieren und auf Holzspiesschen stecken.

Anrichten
Peperoni-Melonen-Süppchen auf vorgewärmte Suppenteller verteilen, Fleischspiesschen auf den Teller legen.

Wermutsuppe mit Zuckermais und Fleischbällchen

Suppe
2 dl/200 ml weisser Wermut
1 Schalotte, halbiert
1 Lorbeerblatt
2 Rosmarinzweiglein
1 l Kalbsbouillon, Seite 136
100 g Doppelrahm
Salz

Einlage
2 Zuckermaiskolben
20 g Butter
1 Döschen Safranfäden
1 TL Salz

Hackfleischbällchen
1½ EL Olivenöl
½ kleine Schalotte, klein gewürfelt
120 g gehacktes Kalbfleisch
1 Scheibe Toastbrot, ohne Rinde, in wenig warmer Milch eingeweicht
½ TL Senf
½ TL Ras el-Hanout
Salz
Pfeffer aus der Mühle

Einlage
Hüllblätter und Barthaare bei den Maiskolben entfernen, die Maiskörner mit einem Messer vom Kolben schneiden. Butter schmelzen, Safran und Salz unterrühren, mit den Maiskörnern in einen Beutel füllen. Kühl stellen, bis die Butter fest ist. Beutel vakuumieren. Mit Dämpfen 85 °C während 40 Minuten garen.

Suppe
Wermut mit Schalottenhälften, Lorbeerblatt und Rosmarin auf die Hälfte einkochen lassen. Kalbsbouillon zugeben, nochmals ein wenig einkochen lassen, passieren.

Hackfleischbällchen
Schalotten in ½ EL Öl andünsten, auskühlen lassen. Hackfleisch, ausgedrücktes Toastbrot, Schalotten und Gewürze mischen. Aus der Masse kleine Kugeln formen, im restlichen Öl rundum braten.

Anrichten
Beutel mit Maiskörnern gut schütteln, aufschneiden, auf vorgewärmte Teller verteilen. Hackfleischbällchen dazugeben. Suppe erhitzen, Doppelrahm unterrühren, abschmecken mit Salz, auf die Teller verteilen.

Klare Linsensuppe mit Speck und Honigcroûtons

Suppe
1 dl / 100 ml weisser Balsamico
6 dl / 600 ml kräftige Gemüsebouillon, Seite 134
75 g Puy-Linsen
1½ dl / 150 ml Wasser
2 cm Vanilleschote, aufgeschnitten
50 g Speckwürfelchen
3 Frühlingszwiebeln, in Ringen

Honigcroûtons
1 EL Butter
2 Scheiben Toastbrot
1 EL Honig
Salz

100 g Crème fraîche

Linsen
Linsen mit Wasser und Vanilleschote in einen Beutel füllen, vakuumieren. Mit Dämpfen 95 °C während 35 Minuten garen.

Speck
Speck mit Frühlingszwiebeln ohne Fett anbraten.

Suppe
Weissen Balsamico auf die Hälfte einkochen lassen, Gemüsebouillon zugeben, erhitzen.

Croûtons
Toastbrot entrinden und kleine Rondellen ausstechen. Butter schmelzen, Toastrondellen und Honig zugeben, braten, bis sie knusprig sind, salzen.

Anrichten
Linsenbeutel aufschneiden, Vanille entfernen, Linsen und Speck auf vorgewärmte Teller verteilen, die heisse Gemüsebouillon dazugiessen, mit 1 EL Crème fraîche garnieren. Honigcroûtons separat servieren.

Kalte Brokkolisuppe mit Gorgonzola

Suppe

300 g Brokkoli
1 Knoblauchzehe, geschält
10 g Butter
½ TL Salz
3½ dl/350 ml kalte Gemüsebouillon, Seite 134
½ dl/50 ml weisser Balsamico
2 dl/200 ml Milch
100 g Gorgonzola
½ Bio-Zitrone, abgeriebene Schale und Saft
Salz
schwarzer Pfeffer aus der Mühle

Einlage

50 g Chorizo
1 EL Olivenöl
4 Scheiben Nussbrot

Suppe

Brokkoliröschen mit Knoblauch, Butter und Salz in einen Beutel füllen, vakuumieren. Mit Dämpfen 85 °C während 30 Minuten garen. Brokkoli sofort aus dem Beutel nehmen und im Eiswasser (Wasser mit Eiswürfeln) abschrecken. Brokkoli mit Gemüsebouillon und weissem Balsamico pürieren, Milch und Gorgonzola zugeben, nochmals pürieren. Zitronenschale und Zitronensaft zugeben, mit Salz und Pfeffer abschmecken, kalt stellen.

Einlage

Chorizo in Streifen schneiden, in einer Bratpfanne ohne Fett knusprig braten, auf Haushaltspapier abtropfen lassen. Nussbrot im Olivenöl knusprig braten.

Anrichten

Brokkolisuppe anrichten, Chorizostreifen und geröstetes Brot dazulegen.

Kleine Gerichte

Käsecrêpes mit Safranlauch

Crêpeteig (für 8 Stück)
125 g Weissmehl
½ TL Salz
2 Eier
1½ dl / 150 ml Milch
1 dl / 100 ml Buttermilch
40 g Butter, flüssig
80 g Sbrinz, gerieben
Bratbutter

Gemüse
500 g Lauch
20 g Butter
1 Döschen Safranfäden
1 TL Salz
4 Thymianzweiglein
Chilisalz
Pfeffer aus der Mühle

1 dl / 100 ml Sauerrahm

Crêpeteig

Mehl und Salz in einer Schüssel mischen, Eier, Milch und Buttermilch zugeben und zu einem glatten Teig rühren, Butter und Käse unterrühren. Teig bei Zimmertemperatur zugedeckt 30 Minuten ruhen lassen.

Gemüse

Grobfasrige Hüllblätter beim Lauch entfernen, Stangen schräg in 5 mm dicke Scheiben schneiden. Butter und Safranfäden erwärmen, salzen. Lauch mit Safranbutter und abgezupftem Thymian in einen Beutel füllen, vakuumieren. Mit Dampf 85 °C während 60 Minuten garen.

Crêpes backen

In einer beschichteten Bratpfanne in wenig heisser Bratbutter Crêpes backen, immer wieder wenig Bratbutter in die Pfanne geben, Crêpes warm stellen.

Anrichten

Lauchbeutel aufschneiden, Lauch mit Chilisalz und Pfeffer abschmecken, auf die Crêpes verteilen, zweimal einschlagen. Auf vorgewärmte Teller legen, mit einem Klecks Sauerrahm servieren.

Scampi mit Kamilleblüten auf Honigschalotten

Scampi
4 Scampi, küchenfertig
25 g getrocknete Kamilleblüten
25 g Butter
1 EL Olivenöl
Chilisalz

Honigschalotten
2 EL Butter
250 g Schalotten, in Streifen
6 EL weisser Balsamico
2 EL Akazienblütenhonig
8 Thymianzweiglein
1 Scheibe Ingwer
Salz
Pfeffer aus der Mühle

Scampi
Scampi mit Kamilleblüten und Butter in einen Beutel füllen, vakuumieren. Mit Dämpfen 55 °C während 15 Minuten garen.

Honigschalotten
Schalotten in der Butter andünsten, mit weissem Balsamico ablöschen, Akazienblütenhonig, die Hälfte der Thymianzweiglein und Ingwer zugeben, mit Salz und Pfeffer würzen, bei schwacher Hitze zugedeckt 15 Minuten köcheln lassen.

Anrichten
Scampi aus dem Beutel nehmen, Kamilleblüten abstreifen. Scampi im Öl beidseitig anbraten. Mit Chilisalz würzen. Auf den Honigzwiebeln anrichten, mit restlichem Thymian garnieren.

Weisser Spargel mit Tomatenhollandaise

Spargel
1 kg weisser Spargel
1 Prise Zucker
1 Prise Salz
1 Bio-Zitrone
20 g Butter

Tomatenhollandaise
3 dl/300 ml Tomatensaft
1 dl/100 ml weisser Wermut
100 g Butter
2 Eigelbe
Salz
schwarzer Pfeffer aus der Mühle

Garnitur
1 Tomate
3 getrocknete Tomatenscheiben
25 g Cornflakes

Basilikum,
für die Garnitur

Spargel
Spargel schälen und harte/holzige Teile entfernen, Spargelende abschneiden. Zucker und Salz darüberstreuen. Von der Zitrone mit dem Sparschäler zwei Schalenstückchen abziehen. Spargel mit Zitronenschale und Butter in einen Beutel füllen, vakuumieren. Mit Dämpfen 85 °C während 45 Minuten garen.

Garnitur
Bei der Tomate den Stielansatz ausstechen, Tomate vierteln und entkernen, in Würfelchen schneiden. Getrocknete Tomaten mit Cornflakes im Mörser zerstossen.

Tomatenhollandaise
Tomatensaft und Wermut bei starker Hitze auf die Hälfte einkochen und auskühlen lassen. Butter schmelzen und erkalten lassen, mit Eigelben zur ausgekühlten Tomatensaftreduktion geben. Über dem heissen Wasserbad luftig und cremig aufschlagen, Hollandaise mit Salz und Pfeffer würzen.

Anrichten
Spargel aus dem Beutel nehmen, auf vorgewärmten Tellern anrichten. Die Tomatenhollandaise dazugeben, mit Tomatenwürfelchen, Basilikum und Tomaten-Cornflakes garnieren.

Sandwich von Roastbeef

Roastbeef
400 g Entrecôte am Stück
6 Thymianzweiglein
6 Rosmarinzweiglein

Peperoni
1 rote Peperoni
1 gelbe Peperoni
Salz
Pfeffer aus der Mühle
2 Knoblauchzehen
½ dl/50 ml Olivenöl

Brot
4 EL Olivenöl
12 dünne Baguettescheiben
3 Knoblauchzehen

Meerrettichsauce
200 g Crème fraîche
6 EL frisch geriebener Meerrettich
Salz
Pfeffer aus der Mühle

1 Bund Rucola

Roastbeef
Fleisch mit Thymian- und Rosmarinzweiglein in einen Beutel legen, vakuumieren. Entrecôte mit Dämpfen 60 °C während 45 Minuten garen. Fleisch aus dem Beutel nehmen, erkalten lassen. In dünne Scheiben schneiden.

Peperoni
Grill auf 250 °C vorheizen. Peperoni vierteln, Stielansatz und Kerne entfernen. Viertel auf ein mit Backpapier belegtes Blech legen und bei 250 °C 12 bis 15 Minuten grillen. In einen Plastikbeutel legen und auskühlen lassen. Haut abziehen, Peperoniviertel halbieren, in eine Schüssel legen, mit Salz, Pfeffer und zerdrückten Knoblauchzehen würzen, mit Olivenöl beträufeln. Bei Zimmertemperatur zugedeckt marinieren.

Brot
Baguettescheiben im Olivenöl knusprig braten, Knoblauchzehen längs halbieren und das Brot damit einreiben.

Sauce
Crème fraîche und geriebenen Meerrettich verrühren, mit Salz und Pfeffer abschmecken.

Anrichten
Peperoni und Roastbeef auf den gerösteten Baguettescheiben anrichten, mit Rucola garnieren, Sauce separat servieren.

Zwiebel-Speck-Brot mit Kresse

Zwiebeln
250 g weisse Zwiebeln
2 EL weisser Balsamico
1 EL Honig
1 EL Sultaninen
1 TL Salz
1 Msp Cayennepfeffer

Toastbrot
4 EL Olivenöl
2 TL Kümmelsamen
4 Scheiben Vollkorntoastbrot

Speck
4 Speckscheiben

Brotaufstrich
100 g Doppelrahmfrischkäse
1 Handvoll Kresse
Salz
Pfeffer aus der Mühle

1 Handvoll Kresse,
für die Garnitur

Zwiebeln
Zwiebeln schälen, halbieren und in feine Streifen schneiden, mit den übrigen Zutaten in einen Beutel füllen, nur so lange vakuumieren, dass keine Flüssigkeit angesaugt wird. Zwiebeln mit Dämpfen 85 °C während 60 Minuten garen.

Toastbrot
Olivenöl und Kümmel erwärmen, 30 Minuten stehen lassen. Toastbrot entrinden und mit dem Teigholz dünn ausrollen. Jede Toastscheibe längs halbieren. Im Kümmelöl knusprig braten.

Speck
Speck in die Bratpfanne legen, Backpapier darauflegen, mit einer Pfanne beschweren, knusprig braten, herausnehmen.

Anrichten
Kresse unter den Frischkäse rühren, mit Salz und Pfeffer würzen. Auf 4 Brotscheiben verstreichen. Gedünstete Zwiebeln dazugeben, Speck und zweite Brotscheibe darauflegen, mit Kresse garnieren.

Lauwarmer Tomaten-Mozzarella-Salat mit Olivensablé

Olivensablé

75 g Weissmehl
½ TL Salz
½ TL Puderzucker
50 g kalte Butterstückchen
1 Eigelb
20 g schwarze Oliven, entsteint, fein gehackt

Tomaten

800 g Tomaten
4 junge Knoblauchzehen
3 Oreganozweiglein
Salz
Pfeffer aus der Mühle

Mozzarella

300 g Büffelmozzarella, in Scheiben
Balsamcreme
Olivenöl

4 getrocknete Tomatenscheiben
4 Oreganozweiglein

Olivensablé

Mehl, Salz und Puderzucker mischen, mit Butterstückchen krümelig reiben. Eigelb und Oliven untermischen, zu einem Teig zusammenfügen. Teig zwischen Backpapieren etwa 5 mm dick ausrollen, kühl stellen. Rondellen ausstechen. Olivensablé im vorgeheizten Backofen bei 200 °C 10 bis 12 Minuten backen. Auskühlen lassen.

Tomaten

Den Stielansatz bei den Tomaten ausstechen, Tomaten vierteln und entkernen, in Würfelchen schneiden. Mit Knoblauch und Oregano in einen Beutel füllen, vakuumieren. Mit Dämpfen 85 °C während 10 Minuten garen. Beutel öffnen, Knoblauch und Oregano entfernen, Tomaten abtropfen lassen, würzen.

Anrichten

Lauwarme Tomatenwürfelchen auf Teller verteilen. Mozzarella dazugeben, mit Balsamcreme und Olivenöl beträufeln und mit getrockneten Tomaten und Oregano garnieren, Sablés separat servieren.

Tartelettes mit Ziegenkäse und Äpfeln

Tartelettes
150 g Blätterteig
1 Ei
150 g Ziegenweichkäse

Rosmarinhonig
4 EL Honig
2 Rosmarinzweiglein

Apfelkompott
2 Äpfel
½ Zitrone, Saft
1 TL Zucker
½ Chilischote, entkernt und fein gehackt
1 EL Cranberries, gehackt
3 Rosmarinzweiglein

Nüsse
50 g Baumnüsse
1 EL Rapsöl
Salz

Pfeffer aus der Mühle

Apfelkompott
Äpfel schälen, vierteln und entkernen, Viertel in Würfelchen schneiden, mit Zitronensaft mischen. Apfelwürfelchen, Zucker, Chili, Cranberries und Rosmarin in einen Beutel füllen, vakuumieren. Mit Dämpfen bei 83 °C während 15 Minuten garen.

Rosmarinhonig
Honig mit Rosmarin leicht erwärmen und ziehen lassen. Vor dem Servieren nochmals kurz erwärmen, damit der Honig flüssig ist. Rosmarin entfernen.

Nüsse
Baumnüsse im Rapsöl leicht rösten, mit Salz abschmecken.

Tartelettes
Blätterteig ausrollen und Rondellen von 8 cm Durchmesser ausstechen. Auf ein mit Backpapier belegtes Blech legen, mit einer Gabel einstechen. Den Teigrand mit dem verquirlten Ei bestreichen. Auf der zweituntersten Schiene in den auf 220 °C vorgeheizten Ofen schieben, 8 Minuten backen. Ziegenweichkäse in Scheiben schneiden, auf den Blätterteig legen, weitere 3 bis 4 Minuten backen.

Anrichten
Apfelwürfelchen auf die Tartelettes verteilen, mit Rosmarinhonig beträufeln, mit Pfeffer würzen, Baumnüsse darüberstreuen.

Gurkentatar und geräucherte Forelle auf Wasabimousse

Gurkentatar

1–2 Freilandgurken
8 Minzezweiglein
½ Bio-Limette, abgeriebene Schale und Saft
1 TL Salz
1 Prise Zucker

Wasabimousse

2 dl/200 ml Rahm
100 g Doppelrahm
2 Blatt Gelatine, eingeweicht
3 EL Wasabipaste
½ TL Salz
Pfeffer aus der Mühle
½ Bio-Limette, abgeriebene Schale

ca. 130 g geräucherte Forelle, klein gewürfelt

Minze, für die Garnitur

Wasabimousse

Rahm steif schlagen. Die Hälfte des Doppelrahms erwärmen, ausgedrückte Gelatine darin auflösen. Restlichen Doppelrahm und Wasabipaste glatt rühren. Alles gut mischen und würzen. In Portionenförmchen füllen und fest werden lassen.

Gurkentatar

Gurken schälen, längs halbieren und entkernen, in 2 bis 3 mm grosse Würfelchen schneiden. Mit Minze in einen Beutel füllen, vakuumieren. Mit Dämpfen 60 °C während 15 Minuten garen. Gurken im Beutel auskühlen lassen. Beutel öffnen, Minze entfernen. Gurken mit Limettensaft und -schale sowie Salz und Pfeffer würzen.

Anrichten

Wasabimousse auf Teller stürzen. Forellenwürfelchen darauf verteilen, mit Gurkenwürfelchen belegen, mit fein geschnittener Minze umgeben.

Gebeizter Lachs auf Orangen-Fenchel-Salat

Fisch

400 g Lachs am Stück, mit Haut
3 EL Salz
2 EL Rohrohrzucker
2 Bio-Orangen, abgeriebene Schale
1 EL Fenchelsamen, trocken geröstet

Salat

4 kleine, zarte Fenchelknollen
1 Bio-Orange, abgeriebene Schale
3 Zweiglein Zitronenverbene

Sauce

3 EL Orangensaft
2 EL weisser Balsamico
4 EL Olivenöl
1 TL Senf
Salz
Pfeffer aus der Mühle

Frittierte Zitronenverbene

20 Zitronenverbeneblättchen
25 g Weissmehl
25 g Mais- oder Kartoffelstärke
1 Prise Backpulver
1 Prise Salz
1 dl / 100 ml kaltes Wasser

High-Oleic-Rapsöl

Lachs beizen

Salz, Rohrohrzucker, Orangenschalen und geröstete Fenchelsamen mischen. Lachs mit der Hautseite nach unten in eine Schüssel legen. Beize darüber verteilen, Form mit Klarsichtfolie verschliessen. Im Kühlschrank 24 Stunden marinieren, nach 12 Stunden wenden. Beize abstreifen.

Salat

Fenchel in feine Ringen schneiden oder hobeln. Mit Orangenschale und Zitronenverbenezweiglein in einen Beutel füllen, vakuumieren. Mit Dämpfen bei 85°C während 30 Minuten garen. Fenchel im Beutel auskühlen lassen, dann aus dem Beutel nehmen und mit der Salatsauce mischen.

Orangenfilets (von Fisch und Salat)

Orangen schälen, auch die weissen Teile entfernen. Filetieren, also Fruchtschnitze aus den Trennhäutchen schneiden und entkernen, Saft für die Sauce auffangen.

Frittierte Zitronenverbene

Für den Ausbackteig Mehl, Stärkemehl, Backpulver und Salz mischen, Wasser zugeben, alles zu einem glatten Teig rühren. Zitronenverbene durch den Teig ziehen und im heissen Rapsöl ausbacken. Blättchen auf Haushaltspapier abtropfen lassen, leicht salzen.

Anrichten

Fenchelsalat und Orangen auf Teller verteilen. Den in Scheiben geschnittenen Lachs darauflegen, mit den frittierten Kräutern garnieren.

Stundenei auf Kartoffelpüree, mit Belper Knolle

Stundenei
4 Eier

Kartoffelpüree
650 g mehligkochende Kartoffeln
1 TL Salz
2½ dl / 250 ml Milch
40 g Butter
frisch geriebene Muskatnuss
Salz

½ Belper Knolle, grob gehobelt
50 g Landrauchschinken, klein gewürfelt

Stundenei
Eier in der Schale mit Dämpfen 64 °C während 65 Minuten garen.

Landrauchschinken
Landrauchschinken in einer Bratpfanne ohne Fett knusprig braten.

Kartoffelpüree
Kartoffeln schälen und in Würfelchen schneiden, im Dampf weich garen. Warm durch das Passevite drehen. Milch und Butter erwärmen, unter die passierten Kartoffeln rühren, würzen.

Anrichten
Kartoffelpüree in vorgewärmten tiefen Tellern anrichten. Eier vorsichtig schälen und auf das Kartoffelpüree setzen, grob gehobelten Käse und Landrauchschinken grosszügig darüberstreuen.

Fleisch

Rindsfiletmedaillon auf Rotweinrisotto

Fleisch
4 Rindsfiletmedaillons, je ca. 120 g
2 Bund Thymian
2 EL Öl
10 g Butter
4 Knoblauchzehen, längs halbiert
Salz
Pfeffer aus der Mühle

Risotto
1 EL Olivenöl
1 Schalotte, klein gewürfelt
1 Knoblauchzehe, klein gewürfelt
250–300 g Risottoreis
1½ dl / 150 ml kräftiger Rotwein, z. B. Amarone
6 dl / 600 ml Kalbsbouillon, Seite 136
120 g Taleggio*
20 g Butter
Salz
Pfeffer aus der Mühle

Pilze
1 EL Olivenöl
250 g braune Champignons

Thymianzweiglein, für die Garnitur

Fleisch garen
Rindsfiletmedaillons und 1 Bund Thymian in einen Beutel füllen, vakuumieren. Mit Dämpfen 56 °C während 55 Minuten garen.

Risotto
Schalotten und Knoblauch im Öl andünsten, Reis kurz mitdünsten, Rotwein zugeben und einkochen lassen, nach und nach heisse Kalbsbouillon zugeben, immer wieder rühren. Der Risotto soll sämig sein, aber noch Biss haben. Taleggio und Butter vor dem Servieren unterrühren, abschmecken.

Pilze
Champignons halbieren, vierteln oder in Scheiben schneiden, im Olivenöl braten, mit Salz abschmecken.

Fleisch braten
Rindsfiletmedaillons auf einer Seite im heissen Öl anbraten, wenden, Butter, restlichen Thymian und halbierte Knoblauchzehen in die Bratpfanne geben, Fleisch mit der flüssigen Butter beträufeln, würzen.

Anrichten
Risotto in vorgewärmten Tellern anrichten, Rindsfiletmedaillon darauflegen, mit Champignons und Thymian garnieren, sofort servieren.

***Taleggio** Italienischer Weichkäse mit 48 % Fett in der Trockenmasse.

Kalbsrücken mit Birnen und Specksauce

Fleisch

600 g Kalbsrücken
100 g getrocknete Weichspeckbirnen
½ dl/50 ml Williams
8 Lorbeerblätter
1 EL Wacholderbeeren
3 Thymianzweiglein
2 EL High-Oleic-Rapsöl

Sauce

100 g Speckwürfelchen
2 dl/200 ml Weisswein
1 Schalotte, halbiert
1 Rosmarinzweiglein
3½ dl/350 ml Kalbsbouillon, Seite 136
30 g kalte Butterstückchen
Salz
Pfeffer aus der Mühle

Knöpfli

70 g Haselnüsse
250 g Knöpflimehl
2 TL Salz
2 Eier
1½ dl/150 ml Wasser
1 EL Haselnussöl
wenig Butter

Gemüse

1 EL Rapsöl
400 g Chinakohl
2 EL Rahm
2 EL Ahornsirup
Salz
Pfeffer aus der Mühle

Garnitur

1 EL Butter
1 Birne
1 TL Zucker

Fleisch

Weichspeckbirnen halbieren, mit Williamsschnaps beträufeln, einige Stunden stehen lassen. Fleisch, Birnen, Gewürze und Kräuter in einen Beutel füllen, vakuumieren. Mit Dämpfen 60 °C während 2 Stunden und 50 Minuten garen.

Knöpfli

Haselnüsse trocken rösten, in ein Küchentuch einschlagen und Haut abreiben. Haselnüsse fein reiben/mahlen, mit Mehl und Salz mischen. Eier, Wasser und Haselnussöl verquirlen, unter das Mehl rühren, Teig klopfen, bis er glatt ist und Blasen wirft. Zugedeckt 30 Minuten ruhen lassen. In einem Kochtopf reichlich Salzwasser aufkochen, Teig portionsweise durch das Knöpflisieb in das kochende Salzwasser streichen, Knöpfli an die Oberfläche steigen lassen, mit einem Schaumlöffel herausnehmen und unter kaltem Wasser abschrecken.

Sauce

Speck ohne Fett anbraten, herausnehmen und auf Küchenpapier abtropfen lassen, Pfanne ausreiben. Wein, Schalotten und Rosmarin in der Speckpfanne auf die Hälfte einkochen lassen, Kalbsbouillon zugeben und nochmals auf die Hälfte einkochen lassen. Beutel aufschneiden, Fleischsaft zur Sauce geben und passieren.

Gemüse

Chinakohl in feine Streifen schneiden, im Öl kurz dünsten, mit Rahm und Ahornsirup ablöschen, mit Salz und Pfeffer würzen.

Garnitur

Birne schälen, vierteln und entkernen. Butter erwärmen, Birnenviertel und Zucker zugeben, in der Butter wenden, bis der Zucker leicht karamellisiert.

Anrichten

Nussknöpfli in der Butter erwärmen. Sauce erhitzen, mit kalten Butterstückchen aufmontieren (aufschlagen), Speck zugeben, nicht mehr kochen. Rapsöl erhitzen, Kalbsrücken rundum anbraten, in Scheiben schneiden. Fleisch auf vorgewärmten Tellern anrichten, mit der heissen Specksauce umgiessen, Knöpfli, Gemüse und Birnenviertel dazulegen.

Kalbsbäggli mit Brokkoli-Kartoffel-Püree

Fleisch

2 EL High-Oleic-Rapsöl
4 Kalbsbäggli, je 140 g
1 TL Zucker
1 EL Tomatenmark
3 dl/300 ml Rotwein
100 g Karotten, geschält, klein gewürfelt
100 g Knollensellerie, geschält, klein gewürfelt
2 dl/200 ml Kalbsbouillon, Seite 136
50 g kalte Butterstückchen
Salz
Pfeffer aus der Mühle

Püree

700 g mehligkochende Kartoffeln
400 g Brokkoli
2 dl/200 ml Milch
40 g Butter
Salz
Pfeffer aus der Mühle
¼ Bio-Zitrone, abgeriebene Schale

Fleisch

Kalbsbäggli im Rapsöl anbraten, herausnehmen. Zucker und Tomatenmark in der Fleischpfanne andünsten, mit Rotwein ablöschen, fast vollständig einkochen lassen. Karotten, Sellerie und Kalbsbouillon zugeben, aufkochen und nochmals auf die Hälfte einkochen lassen. Kalbsbäggli mit Sauce in einen Beutel füllen und vakuumieren, ohne Flüssigkeit anzusaugen. Mit Dämpfen 78 °C während 8 Stunden garen.

Püree

Kartoffeln schälen, in Würfel schneiden. Brokkoli in Röschen teilen. Kartoffeln und Brokkoli im Dampf weich kochen. Nach etwa 10 Minuten die Hälfte der Brokkoliröschen herausnehmen und für die Garnitur warm stellen. Milch und Butter erwärmen, Kartoffeln und Brokkoli durch das Passevite in die Milch drehen, unter Rühren erhitzen, mit Salz, Pfeffer und Zitronenschalen abschmecken.

Anrichten

Kalbsbäggli aus dem Beutel nehmen, warm stellen. Sauce passieren und auf die Hälfte einkochen lassen, mit den kalten Butterstückchen aufmontieren (aufschlagen), würzen. Fleisch portionieren und auf vorgewärmten Tellern anrichten, mit der Sauce umgiessen. Brokkoli-Kartoffel-Püree und Brokkoli dazugeben.

Würziger Pouletschenkel mit Ofenfrites

Fleisch
4 Pouletschenkel
4 EL Rapsöl
2 EL Honig
2 EL Rauchpaprika
1 Msp Cayennepfeffer
1 TL Salz
2 EL Rosmarinnadeln

2 EL High-Oleic-Rapsöl

Frites
400 g Süsskartoffeln
400 g Kartoffeln
2 EL Olivenöl
1 TL Chiliflocken
Salz

Ketchup
700 g sehr reife Tomaten
8 EL Essig
4 TL Rohrohrzucker
wenig Bio-Zitrone, abgeriebene Schale
1 Msp Cayennepfeffer
1 Msp Chilipulver
Salz
Pfeffer aus der Mühle

Fleisch
Für die Marinade Öl, Honig, Gewürze und Rosmarinnadeln verrühren. Die Pouletschenkel mit der Marinade einpinseln. Je zwei Pouletschenkel in einen Beutel legen und vakuumieren. Mit Dämpfen 65 °C während 75 Minuten garen.

Ketchup
Stielansatz der Tomaten ausstechen, Tomaten vierteln und entkernen, eventuell zerkleinern. Tomaten, Essig und Rohrohrzucker bei starker Hitze rund 10 Minuten kochen, häufig rühren, damit sie nicht anbrennen. Tomaten durch das Passevite drehen. Tomatenpüree köcheln lassen, bis es die Konsistenz von Ketchup hat. Würzen.

Frites
Kartoffeln und Süsskartoffeln schälen, in Schnitze schneiden, Schnitze mit Öl und Chiliflocken mischen. Auf ein mit Backpapier belegtes Blech verteilen. Im vorgeheizten Ofen bei 200 °C 40 bis 45 Minuten backen. Salzen.

Anrichten
Pouletschenkel im Rapsöl anbraten, mit Frites und Ketchup servieren.

Gefülltes Pouletbrüstchen auf Basilikumrisotto*

Fleisch

4 Pouletbrüstchen, je ca. 120 g
1 EL Olivenöl
10 g getrocknete Herbsttrompeten
1 Schalotte, klein gewürfelt
½ dl/50 ml Weisswein
Salz
Pfeffer aus der Mühle
2 EL gehackte schwarze Oliven

8 Scheiben Landrauchschinken

2 EL Olivenöl, zum Braten

Risotto

1 EL Olivenöl
1 Schalotte, klein gewürfelt
1 Knoblauchzehe, klein gewürfelt
250 g Risottoreis
1½ dl/150 ml Wermut
7 dl/700 ml heisse Hühnerbouillon, Seite 135
100 g Sbrinz, frisch gerieben
20 g Butter
wenig Basilikum

Cherrytomaten

400 g Rispen-Cherrytomaten
4 EL Olivenöl
6 Thymianzweiglein
6 Rosmarinzweiglein
2 Knoblauchzehen, in Scheiben
Fleur de Sel

Fleischfüllung

Pilze in lauwarmem Wasser einweichen, abspülen, abtropfen lassen und fein hacken. Pilze und Schalotten im Öl andünsten, mit Weisswein ablöschen und einkochen lassen, mit Salz und Pfeffer würzen, auskühlen lassen. Oliven zugeben.

Pouletbruströllchen

Vier Frischhaltefolien auf die Arbeitsfläche legen, je zwei Schinkenscheiben überlappend darauflegen. Pouletbrüstchen in zwei Schnitzel schneiden, würzen, ein Schnitzel auf den Schinken legen, Pilzfüllung daraufgeben, zweites Schnitzel darauflegen, mit der Folie satt einrollen und die Folienenden zudrehen, bis das Paket fest ist. Je 2 Röllchen in einen Beutel legen, vakuumieren. Mit Dämpfen 65 °C während 60 Minuten garen.

Risotto

Schalotten und Knoblauch im Olivenöl andünsten, Reis mitdünsten, mit Wermut ablöschen, einkochen lassen. Hühnerbouillon nach und nach zugeben, sodass der Reis immer mit Flüssigkeit bedeckt ist. Die Kochzeit beträgt 15 bis 20 Minuten. Der Reis soll sämig sein, aber noch Biss haben. Sbrinz, Butter und fein geschnittenes Basilikum unterrühren.

Cherrytomaten

Tomaten in eine Gratinform legen, Olivenöl darüberträufeln, mit Kräutern und Knoblauch belegen. Im vorgeheizten Ofen bei 180 °C 10 bis 12 Minuten braten.

Anrichten

Pouletröllchen im Öl braten, aufschneiden. Risotto in vorgewärmten Tellern anrichten, Fleisch und Cherrytomaten dazulegen, mit Fleur de Sel bestreuen.

*Step by step auf Seite 66

Step by step

Gefülltes Pouletbrüstchen auf Basilikumrisotto

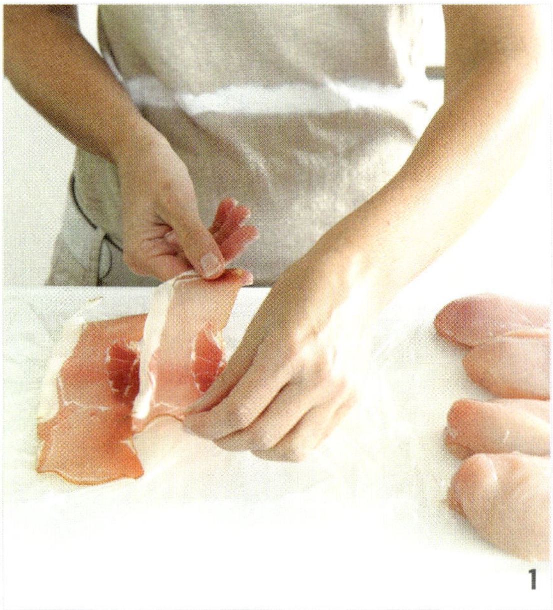

1 Schinkenscheiben überlappend auf die Folie legen

2 Pouletbrüstchen in zwei Schnitzel schneiden

3 ein Pouletschnitzel auf den Schinken legen, Füllung darauf verteilen

4 zweites Pouletschnitzel darauflegen

5 satt einwickeln

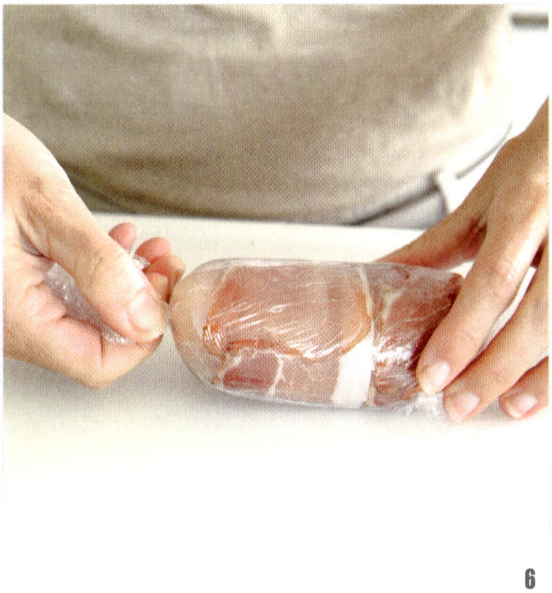

6 Folienenden zudrehen

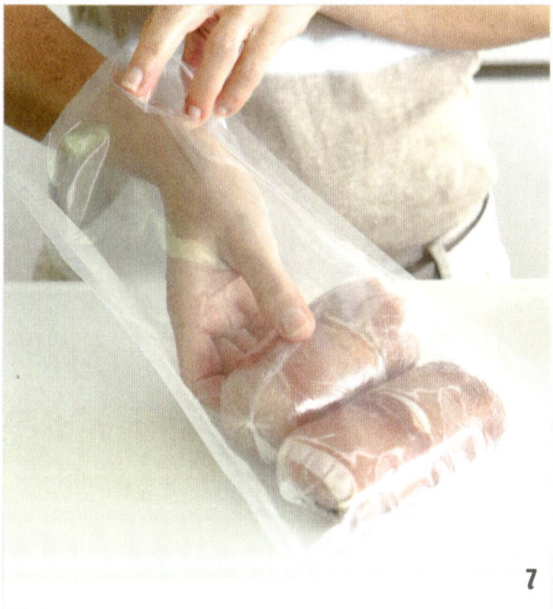

7 Pouletröllchen in den Beutel legen, vakuumieren

Entenbrust auf Brombeer-Trevisano

Entenbrüstchen

4 Entenbrüstchen mit Haut, je 150 g
4 Zimtstangen
2 TL Pimentkörner
2 TL Wacholderbeeren
8 Nelken

Polenta

4 dl/400 ml Milch
6 dl/600 ml Gemüsebouillon, Seite 134
2 Rosmarinzweiglein
250 g grober Maisgriess
100 g Sbrinz, gerieben

Gemüse

2 EL Butter
2 EL Zucker
600 g Trevisano, in Streifen
½ dl/50 ml alter Balsamico
100 g Brombeeren, evtl. tiefgekühlt
Salz
Pfeffer aus der Mühle

Gewürzschaum

2 dl/200 ml Milch
1 TL Macispulver (Muskatblüte)
Salz

Entenbrüstchen

Fleisch und Gewürze auf zwei Beutel verteilen, vakuumieren. Mit Dämpfen 56 °C während 60 Minuten garen.

Polenta

Milch, Gemüsebouillon und Rosmarinzweiglein aufkochen, Mais einrieseln lassen, die Polenta bei schwacher Hitze etwa 40 Minuten köcheln lassen. Käse unterrühren.

Gemüse

Butter mit Zucker erwärmen, warten, bis der Zucker karamelisiert, Trevisano und Brombeeren zugeben, Gemüse zusammenfallen lassen. Mit Balsamico ablöschen, etwas einkochen lassen, würzen.

Fleisch braten

Bratpfanne aufheizen. Entenbrüstchen auf der Hautseite diagonal einschneiden und mit der Hautseite nach unten in die Bratpfanne legen und bei mittlerer Hitze braten, bis die Haut knusprig ist. Ausgelaufenes Fett immer wieder auftupfen.

Gewürzschaum

Milch und Gewürze erwärmen, mit Stabmixer aufschäumen.

Anrichten

Gemüse auf vorgewärmten Tellern anrichten. Entenbrüstchen in Scheiben schneiden und darauflegen. Polenta mit einem Esslöffel portionieren und dazugeben. Gewürzschaum dazugeben.

Lamm mit Laugenbrot-Zimt-Kruste

Fleisch
2 Lammnierstücke, je ca. 360 g
4 Zimtstangen
6 Kardamomkapseln, ohne Schale

Fleischkruste
70 g hartes Laugenbrot
70 g flüssige Butter
½ Bund glattblättrige Petersilie, Blättchen abgezupft
½ TL Zimtpulver
1 Prise Nelkenpulver
½ TL Salz
Pfeffer aus der Mühle

Couscous
3 dl/300 ml Karottensaft
1 dl/100 ml Wasser
1 TL Salz
200 g Karotten, geschält, klein gewürfelt
300 g Couscous
4 entsteinte Datteln, in Streifen
½ Bund glattblättrige Petersilie, Blättchen abgezupft und gehackt
2 EL Baumnussöl

Karottenschaum
1 dl/100 ml Karottensaft
6 Kardamomkapseln, geschält
¼ TL Salz
1 Prise Cayennepfeffer
1 dl/100 ml Buttermilch
20 g Butter

Fleisch
Lammnierstücke, Zimt und Kardamomsamen in einen Beutel füllen, vakuumieren. Mit Dämpfen 58 °C während 20 Minuten garen.

Fleischkruste
Laugenbrot mahlen, Butter und übrige Zutaten unterrühren.

Couscous
Karottensaft, Wasser und Salz aufkochen, Karotten zugeben und 5 Minuten köcheln lassen. Couscous zugeben, aufkochen. Zugedeckt quellen lassen. Datteln, Petersilie und Baumnussöl unterrühren, vor dem Servieren erwärmen und mit einer Gabel lockern.

Karottenschaum
Karottensaft, Kardamomsamen und Salz 3 Minuten kochen, passieren. Vor dem Anrichten Buttermilch und Butter zugeben, erwärmen, aufmixen.

Fleisch überbacken
Lammfleisch leicht salzen und Oberseite mit der Laugenbrotmasse bestreichen, Kruste unter dem 250 °C heissen Grill 3 bis 4 Minuten überbacken.

Anrichten
Fleisch in Scheiben schneiden, mit Couscous auf vorgewärmten Tellern anrichten. Karottenschaum separat servieren.

Vitello mit Ratatouille-Vinaigrette und Basilikumsorbet

Fleisch
600 g Kalbfleisch vom Nierstück
6 Rosmarinzweiglein
6 Thymianzweiglein

Ratatouille-Vinaigrette
3 EL Olivenöl
½ rote Peperoni
75 g Zucchini
75 g Aubergine
Salz
3 EL weisser Balsamico
Pfeffer aus der Mühle

Olivenbrioches
300 g Weissmehl
1 TL Zucker
¾ TL Salz
100 g weiche Butter
15 g Hefe
2 EL Milch
2 Eier
50 g entsteinte schwarze Oliven, gehackt
1 EL gehackte Rosmarinnadeln

1 Eigelb

Basilikumsorbet
2 dl/200 ml Weisswein
1½ dl/150 ml Wasser
150 g Zucker
1 Limette, abgeriebene Schale und Saft
150 g Naturjoghurt
30 g Basilikumblätter

Basilikum, für die Garnitur

Basilikumsorbet
Weisswein, Wasser und Zucker kochen, bis sich der Zucker aufgelöst hat, auskühlen lassen. Restliche Zutaten zugeben, mixen. In der Glacemaschine gefrieren lassen. Oder die Masse in eine Vorratsdose füllen und im Tiefkühler gefrieren lassen, mit einer Gabel häufig rühren, damit sich nicht zu grosse Eiskristalle bilden.

Olivenbrioches
Mehl, Salz und Zucker in einer Schüssel mischen. Butter zerkleinern und zugeben. Hefe in der Milch auflösen, mit den verquirlten Eiern zum Mehl geben, einen glatten, geschmeidigen Teig kneten. Schüssel mit einem feuchten Tuch zudecken, Teig auf das doppelte Volumen aufgehen lassen. Oliven und Rosmarinnadeln in den Teig kneten. Muffinförmchen einfetten. Teig in 10 Portionen teilen. Aus 8 Portionen Kugeln formen, in die Förmchen legen. Aus dem restlichen Teig acht Kügelchen formen, mit wenig Wasser auf die grossen Kugeln kleben. 30 Minuten gehen lassen. Brioches mit Eigelb bestreichen. Ofen auf 220 °C vorheizen. Olivenbrioches auf zweitunterster Schiene in den Ofen schieben, bei 220 °C etwa 15 Minuten backen.

Fleisch garen
Fleisch und Kräuter in einen Beutel legen und vakuumieren. Mit Dämpfen 60 °C während 2 Stunden und 50 Minuten garen. Fleisch aus dem Beutel nehmen, auskühlen lassen und in feine Scheiben schneiden.

Vinaigrette
Peperoni entkernen, schälen, in Würfelchen schneiden, salzen. Im Olivenöl zwei Minuten dünsten, mit weissem Balsamico und Pfeffer würzen, auskühlen lassen.

Anrichten
Fleischscheiben auf Teller legen, Vinaigrette darauf verteilen, eine Kugel Basilikumsorbet daraufsetzen, mit Basilikum garnieren. Oder das Sorbet mit der Brioche separat servieren.

Lammhuft auf weissem Bohnenpüree

Fleisch

750 g Lammhuft
4 Rosmarinzweiglein
4 Bohnenkrautzweiglein
1 EL High-Oleic-Rapsöl
8 EL Ahornsirup
8 EL Sojasauce
Salz
schwarzer Pfeffer aus der Mühle

Bohnenpüree

300 g grosse weisse Bohnen, über Nacht im Wasser eingeweicht
2 besteckte Zwiebeln (Lorbeerblatt und Gewürznelken)
3 dl/300 ml kräftige Gemüsebouillon, Seite 134
Salz
Pfeffer aus der Mühle

Grüne Bohnen

1 EL Olivenöl
1 Schalotte, klein gewürfelt
2 Bohnenkrautzweiglein, Blättchen abgezupft
500 g grüne Bohnen
wenig Gemüsebouillon, Seite 134
Salz
Pfeffer aus der Mühle

Fleisch garen

Lammhuft, Rosmarin und Bohnenkraut in einen Beutel füllen, vakuumieren. Mit Dämpfen 58 °C während 60 Minuten garen.

Bohnenpüree

Weisse Bohnen mit besteckten Zwiebeln in viel frischem Wasser etwa eine Stunde kochen. Die weichen Bohnen mit der Gemüsebouillon pürieren, mit Salz und Pfeffer abschmecken.

Grüne Bohnen

Stielansatz abknipsen, Bohnen je nach Grösse halbieren. Schalotten, Kräuter und Bohnen im Öl andünsten, mit wenig Gemüsebouillon ablöschen, Bohnen weich garen, mit Salz und Pfeffer abschmecken.

Fleisch braten

Lammfleisch aus dem Beutel nehmen, im Öl anbraten. Ahornsirup mit Sojasauce verrühren, über das Fleisch verteilen, abtropfenden Sirup sofort wieder über das Fleisch giessen, bis er etwas eingedickt ist. Fleisch würzen.

Anrichten

Bohnenpüree erhitzen, in vorgewärmten Tellern anrichten. Lamm aufschneiden, mit dem heissen Bratjus auf dem Püree anrichten, grüne Bohnen dazugeben.

Rotes Poulet-Curry mit Gemüse und Duftreis

Fleisch

600 g Pouletbrust, in Streifen
1 EL rote Currypaste
2 Zitronengrasstängel, geschält, halbiert
2 Kaffirlimettenblätter
wenig Ingwer, geschält, in Scheiben

Gemüse

1 EL Sesamöl
1 EL rote Currypaste
1 TL fein geriebener Ingwer
1 Zitronengrasstängel, geschält, halbiert
100 g Knackerbsen oder Kefen
200 g Thai-Auberginen
4 Babymaiskolben
1 rote Peperoni
4 dl/400 ml Kokosmilch
½ Limette, Saft
1 Prise Zucker
Salz

2 EL fein geschnittenes Korianderkraut, gehackt

Duftreis

4½ dl/450 ml Wasser
300 g Duftreis
2 Kaffirlimettenblätter
1 Zitronengrasstängel, geschält, halbiert
wenig Ingwer, geschält, in Scheiben

Fleisch

Alle Zutaten in einen Beutel füllen, vakuumieren. Mit Dämpfen 65 °C während 25 Minuten garen.

Duftreis

Duftreis waschen, bis das Wasser klar ist. Wasser aufkochen, Reis und Gewürze zugeben, auf kleinster Stufe zugedeckt quellen lassen, nicht rühren. Gewürze entfernen.

Gemüse

Bei den Knackerbsen Stielansatz abknipsen, Schoten diagonal in Streifen schneiden. Babymaiskolben in Scheiben schneiden. Peperoni halbieren, Stielansatz und Kerne entfernen, schälen und in Streifen schneiden. Thai-Auberginen längs in 6 Stücke schneiden. Currypaste, Ingwer und Zitronengras im Sesamöl andünsten, Gemüse mitdünsten, mit Kokosmilch ablöschen, erhitzen, ohne dass die Milch kocht. Gemüse 10 Minuten köcheln lassen. Limettensaft und Zucker unterrühren.

Anrichten

Fleisch aus dem Beutel nehmen, Gewürze entfernen. Fleisch unter das Gemüse mischen, mit Salz abschmecken, Koriander untermischen. Reis separat servieren.

Lammrack mit Rösti und Schmorgurken

Lammrack
900 g Lammrack, am Stück
6 Rosmarinzweiglein
2 EL High-Oleic-Rapsöl
Salz
Pfeffer aus der Mühle

Gurkengemüse
1 EL Olivenöl
450 g Freilandgurken (Nostranogurken)
1 EL grobkörniger Senf
3 EL Rahm
2 EL Zitronensaft
Salz

Sauce
150 g griechischer Joghurt
1 EL Olivenöl
2 EL Zitronensaft
3 EL fein geschnittene Minze
Salz
Pfeffer aus der Mühle

Rösti
4 EL High-Oleic-Rapsöl
800 g mehligkochende Kartoffeln
Salz

Lammrack garen
Fleisch und Rosmarin in einen Beutel legen, vakuumieren. Mit Dämpfen 55 °C während 90 Minuten garen.

Rösti
Kartoffeln schälen und auf der Röstiraffel reiben, leicht salzen. Die Rösti am besten in zwei Portionen in zwei Bratpfannen zubereiten. Je 1 EL Öl erhitzen, Kartoffeln auf die Bratpfannen verteilen, unter Rühren 2 bis 3 Minuten locker braten, dann zu einem Kuchen zusammenstossen und bei mittlerer Hitze langsam goldbraun braten, einen grossen Teller auf die Rösti legen, stürzen. Restliches Öl in die Pfanne geben, Rösti hineingleiten lassen und fertig braten.

Gemüse
Gurken schälen, längs halbieren und entkernen, Hälften in Würfel schneiden. Im Olivenöl weich dünsten, Senf, Rahm und Zitronensaft unterrühren, mit Salz abrunden.

Minzesauce
Alle Zutaten verrühren, mit Salz und Pfeffer abschmecken.

Lammrack braten
Fleisch aus dem Beutel nehmen und dem Knochen entlang ein wenig einschneiden. Kurz braten, würzen.

Anrichten
Lammrack portionieren, mit Rösti, Gurken und Minzejoghurt anrichten.

Schweinskotelett mit Peperonisauce und Rotweinnudeln

Koteletts

4 Schweinskoteletts, je ca. 180 g
2 Salbeizweiglein
1 EL High-Oleic-Rapsöl
Salz
Pfeffer aus der Mühle

Nudeln

125 g Weissmehl
125 g Knöpflimehl
1 Prise Salz
2 dl/200 ml Rotwein
2 Eier
1 EL Olivenöl

2 EL Butter

Sauce

2 rote Peperoni
100 g Chorizo (scharfe Paprikawurst), klein gewürfelt
2 dl/200 ml Gemüsebouillon, Seite 134
4 EL Rahm
wenig Salz
Pfeffer aus der Mühle

Koteletts

Schweinskoteletts mit Salbei in zwei Beutel legen und vakuumieren. Mit Dämpfen 55 °C während 60 Minuten garen. Fleisch aus dem Beutel nehmen. Vor dem Servieren im heissen Öl kurz beidseitig braten, würzen.

Nudeln

Rotwein auf 3 EL Flüssigkeit einkochen und auskühlen lassen. Mehle und Salz in einer Schüssel mischen. Weinreduktion, Eier und Olivenöl verrühren und zum Mehl geben, zu einem glatten Teig kneten. Bei Zimmertemperatur mindestens 30 Minuten zugedeckt ruhen lassen. Teig portionsweise ausrollen und Nudeln schneiden. Vor dem Servieren portionsweise in reichlich Salzwasser 3 bis 4 Minuten garen, abgiessen und mit der Butter vermengen.

Peperonisauce

Peperoni vierteln, Stielansatz und Kerne entfernen. Viertel auf ein mit Backpapier belegtes Blech legen und bei 250 °C 12 bis 15 Minuten grillen. In einen Plastikbeutel legen und auskühlen lassen. Haut abziehen. Chorizo ohne Fett anbraten, mit Peperoni, Gemüsebouillon und Rahm pürieren, die Sauce erhitzen, mit Salz und Pfeffer abschmecken.

Anrichten

Peperonisauce auf vorgewärmte Teller verteilen, Kotelett und Rotweinnudeln dazugeben.

Schweinsfilet mit Dörrpflaumensauce und Mohnschupfnudeln

Fleisch

1 Schweinsfilet, 600 g
8 Lorbeerblätter
2 EL Rapsöl
Salz
Pfeffer aus der Mühle

Sauce

100 g Dörrpflaumen, entsteint
2 dl/200 ml Marsala
1 Schalotte, halbiert
1 Rosmarinzweiglein
1½ dl/150 ml Kalbsbouillon, Seite 136
1½ dl/150 ml Rahm
Salz
schwarzer Pfeffer aus der Mühle

Schupfnudeln

750 g mehligkochende Kartoffeln
2 Eigelbe
½ TL Kurkuma
40–60 g feiner Weizengriess
1½ TL Salz
etwas Muskatnuss

Weizengriess,
für die Arbeitsfläche

4 EL Bratbutter
3 EL Mohnsamen

Fleisch

Filet mit Lorbeerblättern in einen Beutel legen und das auslaufende schmale Ende des Filets einschlagen. Mit Dämpfen 60 °C während 60 Minuten garen. Aus dem Beutel nehmen. Vor dem Servieren im heissen Öl anbraten, würzen.

Schupfnudeln

Kartoffeln schälen und in Würfel schneiden, im Dampf weichgaren, durch das Passevite drehen, auskühlen lassen. Eigelbe und Kurkuma glatt rühren, mit Griess unter das Kartoffelpüree rühren. Würzen. Kartoffelmasse portionieren und auf Griess fingerdicke Rollen drehen, in 3 cm lange Stücke schneiden, einzeln rollen, sodass die Enden spitz auslaufen. Vor dem Servieren Bratbutter und Mohnsamen erwärmen, Schupfnudeln darin anbraten.

Sauce

Marsala mit Schalottenhälften und Rosmarinzweiglein auf die Hälfte einkochen lassen. Schalotten und Rosmarin entfernen, Kalbsbouillon zugeben, nochmals auf die Hälfte einkochen lassen. Dörrpflaumen und Rahm beifügen, bei schwacher Hitze 15 bis 20 Minuten köcheln lassen. Mit Salz und Pfeffer würzen.

Anrichten

Die Dörrpflaumensauce auf vorgewärmte Teller verteilen. Schweinsfilet portionieren und darauflegen, Schupfnudeln dazugeben.

Fisc

Thunfisch mit Sternanis auf Gerste mit Peperonisauce

Fisch

4 Thunfischmedaillons, je 150 g
40 g Butter
4 Sternanis
Salz

Gerste

1 EL Olivenöl
1 kleine Zwiebel, klein gewürfelt
300 g Gerste
1½ dl / 150 ml Weisswein
6 dl / 600 ml Gemüsebouillon, Seite 134
20 g Butter
Salz

Sauce

2 rote Peperoni
1 dl / 100 ml kräftige Gemüsebouillon, Seite 134
2 EL Rahm
½ TL Zucker
1 Msp Cayennepfeffer
Salz
Pfeffer aus der Mühle

Fisch

Thunfischmedaillons auf zwei Beutel verteilen. Butter mit Sternanis schmelzen, Butter fest werden lassen, auf die Beutel verteilen. Mit Dämpfen 43 °C während 15 Minuten garen. Fisch vor dem Servieren in der heissen Grillpfanne beidseitig 30 Sekunden grillen. Salzen.

Gerste

Zwiebeln im Öl andünsten, Gerste kurz mitdünsten, mit Weisswein ablöschen und einkochen lassen, nach und nach heisse Gemüsebouillon zugeben, immer wieder rühren, Gerste bissfest kochen. Butter vor dem Servieren unterrühren, mit Salz abschmecken.

Sauce

Peperoni vierteln, Stielansatz und Kerne entfernen. Viertel mit der Hautseite nach oben auf ein mit Backpapier belegtes Blech legen und bei 250 °C 12 bis 15 Minuten grillen. In einen Plastikbeutel legen und auskühlen lassen. Haut abziehen. Peperoni mit Gemüsebouillon und Rahm pürieren. Vor dem Servieren erwärmen, würzen.

Anrichten

Heisse Peperonisauce auf vorgewärmten Tellern anrichten, Thunfischmedaillon und Gerste dazugeben.

Seeteufel auf Gorgonzola-Spinat mit Gnocchi und Cassissauce

Fisch
500 g Seeteufel, in zwei Portionen
100 g Speckscheiben
Salz
schwarzer Pfeffer aus der Mühle

Gnocchi
1 kg Meersalz
800 g mittelgrosse, mehligkochende Kartoffeln
1 Ei
1 Bio-Zitrone, abgeriebene Schale
Salz
frisch geriebener Muskat
ca. 80 g Knöpflimehl

3 EL Bratbutter

Rotweinsauce
2 dl/200 ml Rotwein
1 kleine Zwiebel, halbiert
2 Lorbeerblätter
1 Gewürznelke
2 dl/200 ml Hühnerbouillon, Seite 135
3 EL Cassislikör
50 g eiskalte Butterstückchen

Spinat
1 EL Olivenöl
1 kleine Zwiebel, klein gewürfelt
300 g Blattspinat
80 g Gorgonzola, zerbröckelt
schwarzer Pfeffer aus der Mühle

Gnocchi
Salz auf ein mit Backpapier belegtes Blech verteilen. Ganze Kartoffeln darauflegen. Im Ofen bei 200 °C etwa 45 Minuten garen. Kartoffeln schälen und durch das Passevite drehen, auskühlen lassen. Ei und Zitornenschalen unterrühren, mit Salz und Muskatnuss würzen. So viel Knöpflimehl einkneten, dass der Teig kompakt, aber noch weich ist. Teig portionieren und auf leicht bemehlter Arbeitsfläche fingerdicke Rollen formen, in viel leicht kochendem Salzwasser portionsweise 3 bis 4 Minuten ziehen lassen, mit einem Schaumlöffel herausnehmen. Vor dem Servieren in der heissen Butter kurz braten.

Fisch
Seeteufel mit wenig Salz und Pfeffer würzen, mit den Speckscheiben umwickeln, auf zwei Beutel verteilen, vakuumieren. Mit Dämpfen 60 °C während 30 Minuten garen. Vor dem Servieren in der heissen Bratpfanne ohne Öl anbraten.

Rotweinsauce
Rotwein mit Zwiebelhälften, Lorbeerblättern und Gewürznelke auf ½ dl/50 ml einkochen lassen, Hühnerbouillon zugeben, nochmals auf die Hälfte einkochen lassen, Sauce passieren, Cassislikör zugeben. Vor dem Servieren Sauce erwärmen und mit der kalten Butter aufmixen.

Spinat
Zwiebeln im Öl andünsten, Spinat zugeben und zusammenfallen lassen, zugedeckt 2 bis 3 Minuten dünsten, Flüssigkeit offen verdampfen lassen, Gorgonzola unterrühren, mit Pfeffer abschmecken.

Anrichten
Rotweinsauce auf Teller verteilen. Fisch portionieren und mit Spinat und Gnocchi anrichten.

Vanille-Wolfsbarsch mit Sauerkraut

Fisch
4 Wolfsbarschfilets, je ca. 120 g
40 g Butter
½ Vanilleschote
Salz

Kartoffeln
800 g festkochende Kartoffeln
1 EL Butter

Sauerkraut
500 g Sauerkraut, gekocht
2 dl/200 ml Weisswein
4 Wacholderbeeren
2 Lorbeerblätter
1 EL Kapern
2 EL Rahm
Salz
Pfeffer aus der Mühle

Fisch
Wolfsbarsch auf zwei Beutel verteilen. Vanilleschote aufschneiden, Samen abstreifen und mit der Butter erwärmen, mit den Schoten auf die Beutel verteilen, Butter fest werden lassen, Beutel vakuumieren. Mit Dämpfen 61 °C während 10 Minuten garen.

Kartoffeln
Kartoffeln schälen und je nach Grösse längs in Viertel oder Achtel schneiden, im Dampf weich garen.

Sauerkraut
Weisswein mit Wacholder und Lorbeer aufkochen und auf die Hälfte einkochen lassen. Sauerkraut zugeben, 5 Minuten köcheln lassen. Kapern und Rahm unterrühren, mit Salz und Pfeffer abschmecken.

Anrichten
Wolfsbarsch mit wenig Salz abschmecken, mit Sauerkraut und Kartoffeln auf vorgewärmten Tellern anrichten.

Saibling auf Linsen
Kurkuma-Orangen-Polenta

Fisch
4 Saiblingfilets, je 120 g
½ TL Chiliflocken
20 g Butter
Salz

Linsen
200 g rote Linsen
4 dl/400 ml Wasser
½ Zimtstange
Salz

Polenta
9½ dl/950 ml Gemüsebouillon, Seite 134
1 Bio-Orange, 1 TL abgeriebene Schale und Saft
2 TL Kurkuma
250 g grober Maisgriess
20 g Butter
Salz

Mandelschaum
1½ dl/150 ml Milch
3 EL Mandelblättchen, geröstet
Salz

Polenta
Gemüsebouillon, Orangensaft und Kurkuma aufkochen, Maisgriess zugeben, auf kleinster Stufe etwa 40 Minuten quellen lassen. Vor dem Servieren Orangenschale und Butter unterrühren, salzen. Erwärmen.

Fisch
Saiblingfilets in zwei Beutel legen. Butter und Chiliflocken erwärmen, auskühlen lassen und auf die Beutel verteilen. Wenn die Butter fest ist, die Beutel vakuumieren und mit Dämpfen 61 °C während 12 Minuten garen. Saibling aus dem Beutel nehmen und vor dem Servieren salzen.

Linsen
Linsen mit Wasser und Zimt aufkochen, zugedeckt 7 Minuten quellen lassen. Zimtstange entfernen, mit Salz abschmecken.

Mandelschaum
Milch mit Mandelblättchen erhitzen. Pfanne beiseitestellen. 15 Minuten stehen lassen. Milch absieben und erwärmen, mit Salz abschmecken. Vor dem Servieren aufmixen.

Anrichten
Polenta, Linsen und Saiblingfilet in vorgewärmten Tellern anrichten. Mit Mandelschaum garnieren.

Zander mit Basmatireis, Frühlingszwiebeln und Mango

Fisch

4 Zanderfilets, je ca. 150 g
2 EL Grünteeblätter
1 Limette
50 g Butter
Salz

Reis

300 g Basmatireis
4½ dl/450 ml Wasser
½ TL Salz
2 Zitronengrasstängel, geschält
1 EL Butter
2 Bund Frühlingszwiebeln
1 EL Curry
Salz
schwarzer Pfeffer aus der Mühle

Mangoschaum und Garnitur

1½ dl/150 ml Milch
1 Mango
1 TL Zitronensaft
1 Msp Cayennepfeffer
Salz
10 g Butter

Fisch

Limettenschale dünn abschälen, mit Grüntee in der Butter langsam erwärmen, einige Minuten ziehen lassen, passieren. Je zwei Zanderfilets mit der Hälfte der aromatisierten Butter in einen Beutel füllen und vakuumieren. Mit Dämpfen 62 °C während 19 Minuten garen.

Reis

Reis in ein Sieb geben und mit kaltem Wasser überbrausen, bis das Wasser klar ist. Alle Zutaten aufkochen, auf kleinster Stufe quellen lassen. Zitronengras entfernen.

Zwiebeln

Das Grün der Frühlingszwiebeln auf etwa 4 cm kürzen, Zwiebeln längs halbieren. Butter mit Curry schmelzen, Frühlingszwiebeln zugeben und bissfest dünsten, mit Salz und Pfeffer abschmecken.

Mangoschaum und Garnitur

Mango schälen, Fleisch vom Stein schneiden. Für den Mangoschaum Milch und 50 g Mango erwärmen, pürieren, Zitronensaft unterrühren, würzen. Restliches Mangofleisch in Würfelchen schneiden und in der Butter kurz braten.

Anrichten

Reis und Fisch mit Sauce auf vorgewärmten Tellern anrichten, mit Frühlingszwiebeln und Mangowürfelchen umgeben. Mangoschaum dazugeben.

Steinbutt auf Sellerie-Curry-Couscous mit Koriandersauce

Fisch
4 Steinbuttfilets, je ca. 150 g
4 Kaffirlimettenblätter
2 Zitronengrasstängel
1 Bund Koriander
20 g Butter

Cousous
1 EL Butter
250 g Stangensellerie, fein geschnitten
2 TL Curry
3½ dl / 350 ml Wasser
1 TL Salz
300 g Couscous
2 EL Sultaninen
15 g Butter
½ Limette, Saft

Koriandersauce
100 g Sauerrahm
1 Bund Koriander
½ Limette, Saft
1 Prise Zucker
Salz
1 Msp Cayennepfeffer

Fleur de Sel

Fisch
Kaffirlimettenblätter in Streifen schneiden. Zitronengrasstängel halbieren. Alle Zutaten mit den Steinbuttfilets auf zwei Beutel verteilen und vakuumieren. Mit Dämpfen 58 °C während 15 Minuten garen.

Couscous
Stangensellerie und Curry in der Butter andünsten, mit Wasser ablöschen, salzen, Couscous und Sultaninen beifügen, aufkochen, zugedeckt quellen lassen. Getreide vor dem Servieren mit einer Gabel lockern und erwärmen, Butter und Limettensaft unterrühren.

Koriandersauce
Abgezupfte Korianderblätter fein hacken, mit übrigen Zutaten unter den Sauerrahm rühren.

Anrichten
Couscous und Koriandersauce anrichten, Steinbutt darauflegen, mit Fleur de Sel abschmecken.

Dorsch auf Thymian-Kartoffelstampf, mit Ratatouille*

Fisch

4 Dorschfilets, je 150 g
8 Sardellenfilets
1 Bund glattblättrige Petersilie
20 g Butter
2 EL Olivenöl
Salz

Kartoffelstampf

½ l Wasser
1 TL Salz
800 g mehligkochende Kartoffeln
1 Bund Thymian
80 g Butter
Salz

Ratatouille

1 EL Olivenöl
1 kleine Zwiebel
1 Knoblauchzehe
200 g Tomaten
je ½ gelbe und rote Peperoni
120 g Zucchini
1 Prise Zucker
Salz
schwarzer Pfeffer aus der Mühle
1 Kräutersträusschen:
Oregano, Rosmarin, Basilikum

Ratatouilleschaum

1 dl Milch
1 dl Rahm
2 EL gekochtes Ratatouille
1 Sardellenfilet
Salz
Pfeffer aus der Mühle

Fisch

Mit einem scharfen Messer eine Tasche in die Fischfilets schneiden, je 2 Sardellenfilets mit einer Gabel hineindrücken. Fischfilets mit Petersilie und Butter auf zwei Beutel verteilen und vakuumieren. Mit Dämpfen 60 °C während 15 Minuten garen.

Kartoffelstampf

Wasser aufkochen, salzen. Kartoffeln schälen und in Würfel schneiden, mit Thymian in die Pfanne geben und weich kochen. Thymianzweiglein entfernen, Wasser abgiessen. Kartoffeln kurz ausdämpfen lassen, durch das Passevite drehen, Butter unterrühren, abschmecken. Warm halten.

Ratatouille

Zwiebel und Knoblauchzehe klein würfeln. Bei den Tomaten den Stielansatz ausstechen, Früchte vierteln und entkernen. Peperoni schälen und entkernen. Alles Gemüse in Würfelchen schneiden. Zwiebeln und Knoblauch im Olivenöl andünsten, Gemüse mitdünsten, abschmecken mit Zucker, Salz und Pfeffer. Wasser verdampfen lassen. Kräuter von den Stielen zupfen und fein hacken/schneiden und unterrühren.

Ratatouilleschaum

Alle Zutaten erwärmen, aufmixen, mit Salz und Pfeffer abschmecken.

Anrichten

Kartoffelstampf und Ratatouille auf vorgewärmte Teller verteilen, Dorschfilet darauflegen, mit Ratatouilleschaum garnieren.

*Step by step auf Seite 100

Step by step

Dorsch auf Thymian-Kartoffelstampf, mit Ratatouille

1 mit einem scharfen Messer eine Tasche in die Fischfilets schneiden

2 je 2 Sardellenfilets mit einer Gabel hineindrücken

3 gefüllte Fischfilets mit Petersilie auf zwei Beutel verteilen.

4 je 10 g Butter und Petersilie in jeden Beutel geben und vakuumieren

5 mit Dämpfen 60 °C während 15 Minuten garen

Lachs auf Spargel-Kartoffel-Gemüse

Fisch

4 Lachsfilets ohne Haut, je 150 g
1 Zitrone
1 Bund Kerbel
1 EL Baumnussöl
2 EL Rapsöl
Salz

Gemüse

1 kg festkochende Kartoffeln
400 g grüner Spargel
2 dl/200 ml Milch
1 dl/100 ml Rahm
1 dl/100 ml Wasser
1 TL Salz
1 TL Curry
schwarzer Pfeffer aus der Mühle
wenig frisch geriebene Muskatnuss
½ Zitrone, Saft
½ Bund Kerbel

30 g Mandelblättchen
1 EL Baumnussöl
Salz

Fisch

Von der Zitrone 4 Schalenstücke abschneiden und mit Lachs, Kerbel und Baumnussöl auf zwei Beutel verteilen und vakuumieren. Mit Dämpfen 45 °C während 16 Minuten garen.

Gemüse

Kartoffeln schälen und in 1 cm grosse Würfelchen schneiden. Spargelspitzen abschneiden. Restlichen Spargel schälen und in 2 cm lange Stücke schneiden. Milch, Rahm, Wasser und Salz erhitzen, Kartoffeln zugeben und 10 Minuten kochen lassen. Spargel (ohne Spitzen) zugeben und etwa 6 Minuten köcheln lassen, Spargelspitzen die letzten 2 bis 3 Minuten mitkochen. Würzen, gehackten Kerbel unterrühren.

Garnitur

Mandelblättchen im Nussöl leicht bräunen, leicht salzen.

Anrichten

Lachs im Öl auf beiden Seiten kurz braten, auf dem Spargel-Kartoffel-Gemüse anrichten, Mandeln darüberstreuen.

Eglifilets im Glas mit Bulgur

4 Einmachgläser von 3 dl/300 ml Inhalt

Fisch
12 Eglifilets, je ca. 30 g
Salz
Pfeffer aus der Mühle
100 g Karotten
3 cm Ingwer
100 g Kefen
4 Thymianzweiglein

Garflüssigkeit
2 dl/200 ml Weisswein
1 Schalotte, geschält, geviertelt
4 Thymianzweiglein
100 g Doppelrahm

Garnitur
1 TL Sesamöl
1 TL Curry
1 EL weisse Sesamsamen
1 EL schwarze Sesamsamen
Salz

Bulgur
200 g Bulgur
6 dl/600 ml Wasser
¾ TL Salz
2 TL Curry

Fisch

Eglifilets mit Salz und Pfeffer würzen, aufrollen und in die Einmachgläser füllen. Karotten und Ingwer schälen und in feinste Streifen (Julienne) schneiden. Bei den Kefen den Stielansatz abknipsen, Schoten längs in Streifen schneiden. Gemüse und Ingwer blanchieren, abgiessen und mit kaltem Wasser abschrecken, gut abtropfen lassen, mit den Thymianzweiglein in die Gläser verteilen.

Garflüssigkeit

Weisswein mit Schalotten und Thymianzweiglein auf die Hälfte einkochen lassen, Doppelrahm zugeben, auskühlen lassen, passieren. Auf die Gläser verteilen. Gläser verschliessen. Mit Dämpfen 58 °C während 30 Minuten garen.

Bulgur

Wasser aufkochen, Salz, Curry und Bulgur zugeben, bei schwacher Hitze offen quellen lassen.

Garnitur

Sesamöl mit Curry erwärmen, Sesamsamen zugeben und leicht rösten, salzen, auf einem Küchenpapier trocknen lassen.

Servieren

Gläser öffnen. Fisch mit Sesamsamen garnieren. Bulgur separat servieren.

WECK

Desserts

Schokoladenflan mit Kürbissauce

Schokoladenflan

3 dl/300 ml Halbrahm
1 dl/100 ml Rahm
1 Tonkabohne
50 g Zucker
150 g Zartbitterschokolade, gehackt
3 Blatt Gelatine

Kürbissauce

150 g fruchtiges Kürbisfleisch, klein gewürfelt
30 g Rohrohrzucker
1 Bio-Orange, abgeriebene Schale und Saft
20 g Orangeat, fein gehackt
1 Vanilleschote, aufgeschnitten
1 Limette, Saft

2 EL Rohrohrzucker

Schokoladenflan

Tonkabohne mit Zucker cuttern oder Tonkabohne fein reiben. Gelatine in kaltem Wasser einweichen. Halbrahm mit Tonkabohnen-Zucker aufkochen, Pfanne von der Wärmequelle nehmen. Gelatine ausdrücken und unterrühren, Schokolade unterrühren, Creme auf 4 Portionenschalen verteilen und kühlstellen.

Kürbissauce

Zutaten ohne Limettensaft in einen Beutel füllen und vakuumieren, ohne Flüssigkeit anzusaugen. Mit Dämpfen 85 °C während 25 Minuten garen. Beutel aufschneiden, Vanilleschote entfernen, Inhalt pürieren, auskühlen lassen. Limettensaft unterrühren.

Anrichten

Schokoladenflan mit Rohrohrzucker bestreuen, abflämmen. Kürbissauce separat servieren.

Weisse Schokoladenküchlein mit Apfelperlen

Apfelperlen
4 Äpfel
2 dl/200 ml Apfelsaft
2 EL Zucker
1 Zitrone, Saft
1 Vanilleschote, aufgeschnitten

Schokoladenküchlein
½ dl/50 ml Rahm
60 g Butter
100 g weisse Schokolade, zerbröckelt
2 Eier
60 g Zucker
1 TL Vanillezucker
1 Prise Salz
½ Zitrone, abgeriebene Schale
50 g Weissmehl
½ TL Backpulver

Puderzucker

Apfelperlen

Apfelsaft, Zucker, Zitronensaft und Vanilleschote aufkochen. Pfanne von der Wärmequelle nehmen, Fond 10 Minuten ziehen lassen. Äpfel schälen, mit einem Kugelausstecher Kugeln ausstechen, zum Apfelsaft geben. Alles in einen Beutel füllen und vakuumieren, ohne Flüssigkeit anzusaugen. Mit Dämpfen 85 °C während 10 Minuten garen. Beutel aufschneiden, Fond auf 1 dl/100 ml einkochen lassen, Apfelperlen zugeben.

Schokoladenküchlein

Rahm, Butter und Schokolade vorsichtig schmelzen. Eier trennen und Eigelbe mit Zucker unter den Schokoladenrahm rühren. Eiweiss mit Salz steif schlagen. Mehl und Backpulver mischen. Mehl und Eischnee abwechselnd unter die Schokoladencreme ziehen. Teig in gut eingefettete Souffléförmchen füllen. Förmchen in der Mitte in den Ofen schieben und die Küchlein bei 180 °C 18 bis 20 Minuten backen.

Anrichten

Schokoladenküchlein aus den Förmchen nehmen, auf Teller legen und mit Puderzucker bestäuben, noch warm mit den Apfelperlen und der Sauce anrichten.

Frühlingsrolle mit Pistazienglace und Bananenkompott

Frühlingsrolle
2 Strudelteigblätter, je 60g
40g flüssige, erkaltete Butter

2dl/200ml High-Oleic-Rapsöl

Füllung
2dl/200ml Süsswein, z.B. Sauternes
2EL Rohrohrzucker
6 Kardamomkapseln, geschält
1 Stück Orangenschale
200g entsteinte Datteln, grob gehackt

Pistazienglace
80g geriebene Pistazien
3dl/300ml Rahm
2dl/200ml Milch
3 Eigelbe
130g Zucker

Bananenmus
1EL Butter
2EL Akazienhonig
2 Bananen
1 Zitrone, Saft

Pistazienglace
Zutaten verrühren und in einen Beutel füllen, vakuumieren, ohne Flüssigkeit anzusaugen. Mit Dämpfen 85°C während 12 Minuten garen (zusammen mit dem Bananenkompott). Pistaziencreme im Beutel schütteln, auskühlen lassen. Creme in der Glacemaschine gefrieren lassen oder in eine Vorratsdose füllen und im Tiefkühler gefrieren lassen, häufig rühren, damit sich nicht zu grosse Eiskristalle bilden können.

Bananenkompott
Butter, Akazienhonig und in Stücke geschnittene Bananen mit Zitronensaft in einen Beutel füllen und vakuumieren, ohne Flüssigkeit anzusaugen. Im Dampf 85°C während 12 Minuten garen (zusammen mit der Pistaziencreme). Vor Verwendung Banane im Beutel zerdrücken.

Füllung
Süsswein, Rohrrohrzucker, Kardamomsamen und Orangenschale aufkochen, auf die Hälfte einkochen lassen, Datteln zugeben, etwa 1 Stunde ziehen lassen. Kardamomsamen und Orangenschale entfernen.

Frühlingsrolle
Strudelteig vorsichtig entfalten, ein Teigblatt mit flüssiger Butter bestreichen, zweites Teigblatt darauflegen, wieder mit flüssiger Butter bestreichen. Teig in drei Streifen schneiden und diese vierteln. Abgetropfte Datteln auf die Vierecke verteilen, Ränder nach innen legen und den Teig aufrollen. Rapsöl in einer beschichteten Bratpfanne erhitzen, Frühlingsrollen portionsweise frittieren, herausnehmen und auf Haushaltpapier abtropfen lassen.

Anrichten
Frühlingsrollen auf dem Bananenmus anrichten, eine Kugel Pistazienglace dazugeben.

Tipp
Die Frühlingsrollen können vorbereitet und bis zur Verwendung nach Belieben tiefgekühlt werden.

Erdbeeren mit Hibiskus und Joghurtmousse

Erdbeeren
300 g Erdbeeren
½ dl/50 ml Wasser
50 g Zucker
2 EL getrocknete Hibiskusblüten
½ Bio-Zitrone, abgeriebene Schale

Joghurtmousse
300 g griechischer Naturjoghurt
80 g Puderzucker
½ Zitrone, Schale und Saft
1½ dl/150 ml Rahm
4 Blatt Gelatine
½ dl/50 ml Zitronensirup

Hibiskusbrösel
1 Löffelbiskuit
1 EL getrocknete Hibiskusblüten

1 EL fein geschnittene Minze

Erdbeeren
Wasser und Zucker aufkochen, beiseitestellen, Hibiskusblüten zugeben, Zuckersirup auskühlen lassen. Zuckersirup, geviertelte Erdbeeren und Zitronenschale in einen Beutel füllen und vakuumieren, ohne Flüssigkeit anzusaugen. Mit Dämpfen 65 °C während 12 Minuten garen. Erdbeeren im Beutel kühl stellen.

Joghurtmousse
Gelatine in kaltem Wasser einweichen. Joghurt, Puderzucker, Zitronenschale und Zitronensaft glatt rühren. Zitronensirup erwärmen und die Gelatine darin auflösen, unter den Joghurt rühren. Rahm steif schlagen und unterheben, Mousse kühl stellen.

Hibiskusbrösel
Löffelbiskuit mit Hibiskusblüten mörsern.

Anrichten
Joghurtmousse anrichten, Beutel aufschneiden, Erdbeeren ohne Hibiskusblüten anrichten und mit Hibiskusbröseln und in Streifen geschnittener Minze garnieren.

Ananascarpaccio mit Süssholzaroma und Haferflockenstreusel

Ananas

1 Ananas
1½ dl / 150 ml Wasser
150 g Zucker
5 EL Süssholz, geraspelt

Haferflockenstreusel

1 EL Butter
30 g feine Haferflocken
30 g Zucker
1 TL Vanillezucker

Ananas

Wasser und Zucker aufkochen, Süssholz zugeben, Pfanne beiseitestellen und Zuckersirup auskühlen lassen, Sirup passieren. Ananas oben und unten kappen, auch die braunen Augen ausstechen, Frucht in Scheiben schneiden und den Strunk ausstechen. Ananasscheiben mit Süssholzsirup in zwei Beutel füllen und vakuumieren, ohne Flüssigkeit anzusaugen. Mit Dämpfen 70 °C während 10 Minuten garen. Ananas im Beutel mehrere Stunden kühl stellen und ziehen lassen.

Haferflockenstreusel

Butter, Haferflocken, Zucker und Vanillezucker auf mittlerer Stufe rösten, bis der Zucker karamellisiert. Auf ein Backpapier verteilen und auskühlen lassen.

Anrichten

Beutel aufschneiden. Zuckersirup in ein Pfännchen giessen und bei starker Hitze dickflüssig einkochen lassen. Ananas in Tellern anrichten, den Sirup darübergiessen. Mit Streuseln garnieren.

Beerencappuccino mit Zimt

Beerenpüree
600 g Beeren
70 g Zucker
1 Zitronenmelissezweiglein
1 dl / 100 ml Preiselbeersaft

Joghurt
125 g Naturjoghurt
½ dl / 50 ml Milch
2 EL Zucker
½ Zitrone, abgeriebene Schale

Blätterteigstängel
150 g Blätterteig
40 g Rohrohrzucker
1 TL Zimtpulver

Beerenpüree
Beeren, Zucker und Zitronenmelisse in einen Beutel füllen, vakuumieren. Mit Dämpfen 85 °C während 10 Minuten garen, auskühlen lassen. Beeren aus dem Beutel nehmen, Zitronenmelisse entfernen. Beeren und Preiselbeersaft pürieren. Je nach Fruchtsorte durch ein Sieb streichen.

Blätterteigstängel
Blätterteig 2 mm dick und rechteckig ausrollen. Mit Rohrohrzucker und Zimtpulver bestreuen, mit dem Teigholz einrollen. Teigstreifen zu einer Spirale drehen, auf ein mit Backpapier belegtes Blech legen. Im vorgeheizten Ofen bei 220 °C 8 bis 10 Minuten backen.

Joghurthaube
Joghurt, Milch, Zucker und Zitronenschale aufmixen.

Anrichten
Beerenpüree in Gläser füllen, Joghurtschaum daraufgeben. Mit den Blätterteigstängeln servieren.

Birne mit Honigglace und karamellisiertem Anis

Birnen
4 Birnen
2 dl/200 ml Wasser
80 g Rohrohrzucker
1 Zitrone
1 EL Anissamen
4 Sternanis

Honigglace
4 dl/400 ml Rahm
1 dl/100 ml Milch
3 Eigelbe
150 g Akazienhonig

Karamellisierte Anissamen
2 EL Wasser
20 g Zucker
1 EL Anissamen

Birnen
Wasser, Rohrohrzucker, Anis und Sternanis aufkochen, auf die Hälfte einkochen und dann auskühlen lassen. Von der Zitrone zwei Zesten abziehen, zum Anissud geben. Zitrone entsaften. Birnen schälen, vierteln und das Kerngehäuse entfernen, Birnenviertel mit Zitronensaft beträufeln, mit Zuckersirup in einen Beutel füllen und vakuumieren, ohne Flüssigkeit anzusaugen. Mit Dämpfen 85 °C während 12 Minuten garen (zusammen mit der Honigglace).

Honigglace
Alle Zutaten für die Glace verrühren, in einen Beutel füllen und vakuumieren, ohne Flüssigkeit anzusaugen. Creme mit Dampf 85 °C während 12 Minuten garen (zusammen mit den Birnen). Creme im Beutel schütteln und auskühlen lassen. Honigcreme in der Glacemaschine gefrieren lassen oder in eine Vorratsdose füllen und im Tiefkühler gefrieren lassen, häufig rühren, damit sich nicht zu grosse Eiskristalle bilden können.

Karamellisierte Anissamen
Wasser und Zucker aufkochen, Anissamen zugeben, bei mittlerer Hitze rühren, bis der Zucker karamellisiert und die Anissamen umhüllt. Auf ein Backpapier verteilen und auskühlen lassen.

Anrichten
Birnen aus dem Beutel nehmen und in tiefe Teller legen. Birnenfond passieren und auf 1 dl/100 ml einkochen lassen, über die Birnen giessen. Eine Kugel Honigglace daraufsetzen, karamellisierte Anissamen darüberstreuen.

Dörrobstsalat mit Macis-Zimt-Glace

Dörrobstsalat
200 g gemischte Dörrfrüchte
2 dl/200 ml Schwarztee
4 EL Orangenmarmelade

Macis-Zimt-Glace
4 dl/400 ml Rahm
1 dl/100 ml Milch
½ EL Macispulver (Muskatblüte)
2 EL Zimtpulver
3 Eigelbe
100 g Zucker

Grissini
50 g Weissmehl
1 Prise Salz
1 Msp Backpulver
1 EL Rapsöl
1–2 EL Wasser
Zucker

Dörrobstsalat
Dörrfrüchte in Streifen schneiden, Schwarztee erwärmen und darübergiessen, 2 Stunden zugedeckt ziehen lassen. Orangenmarmelade unterrühren.

Macis-Zimt-Glace
Alle Zutaten verrühren, die Creme in einen Beutel füllen und vakuumieren, ohne Flüssigkeit anzusaugen. Mit Dämpfen 85 °C während 12 Minuten garen. Im Beutel auskühlen lassen. Creme in der Glacemaschine gefrieren lassen oder in eine Vorratsdose füllen und im Tiefkühler gefrieren lassen, häufig rühren, damit sich nicht zu grosse Eiskristalle bilden.

Grissini
Mehl, Salz und Backpulver mischen. Öl und so viel Wasser zugeben, bis der Teig zusammenhält. Auf Zucker ausrollen und in Streifen schneiden. Auf ein mit Backpapier belegtes Blech legen. Grissini bei 180 °C 5 bis 7 Minuten backen.

Anrichten
Dörrobstsalat in tiefe Teller verteilen. Eine Kugel Macis-Zimt-Glace daraufsetzen. Zuckergrissini separat servieren.

Kokosnusssoufflé mit Kirschenkompott

Soufflé

50 g Butter
90 g Puderzucker
1 TL Vanillezucker
2 EL Kokoslikör
3 Eier
1 Prise Salz
80 g frische Kokosnuss, geraspelt
50 g Weissmehl

Kirschenkompott

400 g Kirschen, entsteint
50 g Zucker
2 Zitronengrasstängel, geschält
4 Kaffirlimettenblätter, halbiert

Puderzucker

Kirschenkompott

Alle Zutaten in einen Beutel füllen und vakuumieren, mit Dämpfen 85 °C während 20 Minuten garen. Auskühlen lassen.

Kokosnusssoufflé

Eier trennen. Weiche Butter mit der Hälfte des Puderzuckers, Kokoslikör und Eigelben luftig aufschlagen. Kokosnussraspel untermischen. Eiweiss mit Salz steif schlagen, restlichen Puderzucker zugeben und weiterschlagen, bis die Masse glänzt. Eischnee und Mehl abwechselnd unter die Creme ziehen, in vier eingefettete und gezuckerte Souffléförmchen füllen. Förmchen in der Mitte in den auf 220 °C vorgeheizten Ofen schieben und 15 bis 20 Minuten backen.

Servieren

Kokosnusssoufflé mit Puderzucker bestäuben und sofort mit dem Kirschenkompott servieren.

Lemon Curd mit Rhabarberkompott

Lemon Curd

2 Eier
90 g Zucker
1 Bio-Zitrone, abgeriebene Schale und Saft
35 g flüssige, erkaltete Butter
1½ dl / 150 ml Rahm

Fruchtkompott

400 g Rhabarber
100 g Himbeeren
50 g Zucker
½ dl / 50 ml Wasser
1 Stück Zitronenschale
1 Vanilleschote, längs halbiert
2 Scheiben geschälter Ingwer

Lemon Curd

Eier, Zucker, Zitronenschale und -saft verrühren, Butter unterrühren. Creme in einen Beutel füllen und vakuumieren, ohne Flüssigkeit anzusaugen. Mit Dämpfen 85 °C während 15 Minuten garen. Beutel gut schütteln, auskühlen lassen und kühl stellen. Rahm steif schlagen und einen Drittel unter die Lemon Curd rühren, restlichen Schlagrahm vorsichtig unterziehen. Mousse kühl stellen.

Fruchtkompott

Rhabarber schälen und in Würfelchen schneiden. Himbeeren pürieren und durch ein Sieb streichen. Zucker und Wasser erhitzen, beiseitestellen, Vanilleschote und Ingwer zugeben, auskühlen lassen. Rhabarber mit Gewürzsirup in einen Beutel füllen und vakuumieren, ohne Flüssigkeit anzusaugen. Mit Dampf 85 °C während 20 Minuten garen. Auskühlen lassen.

Anrichten

Rhabarber mit Sauce auf tiefe Teller verteilen, Lemon Curd darauf anrichten.

Erdbeersorbet auf Johannisbeeren

Johanisbeerkompott
500 g Johannisbeeren
1 EL fein geschnittener Estragon
100 g Zucker

Erdbeersorbet
2½ dl / 250 ml Wasser
250 g Zucker
500 g Erdbeeren
25 g kandierter Ingwer, fein gehackt
½ Bio-Zitrone,
abgeriebene Schale und Saft

Joghurtcreme
150 g griechischer Naturjoghurt (Kuhmilch)
50 g Puderzucker
½ Bio-Zitrone, abgeriebene Schale und Saft

75 g Meringues

Johannisbeerkompott
Johannisbeeren von den Rispen streifen, mit Estragon und Zucker in einen Beutel füllen und vakuumieren. Mit Dämpfen 75 °C während 12 Minuten garen. Einen Tag im Kühlschrank durchziehen lassen.

Erdbeersorbet
Wasser und Zucker aufkochen, auskühlen lassen. Erdbeeren grob zerkleinern, mit dem Zuckerwasser pürieren. Ingwer, Zitronenschale und Zitronensaft unterrühren. Fruchtpüree in der Glacemaschine gefrieren lassen. Oder die Masse in eine Vorratsdose füllen und im Tiefkühler gefrieren lassen, häufig rühren.

Joghurtcreme
Alle Zutaten verrühren.

Anrichten
Meringues in vier Gläser bröckeln. Zuerst Johannisbeeren ins Glas geben, dann Joghurtcreme und zuletzt das Erdbeersorbet.

Pfirsiche mit Sauerrahmcreme und Macadamiakrokant

Pfirsiche
6 Pfirsiche
6 Verveinezweiglein
2 EL Pfirsichlikör
2 EL Zucker

Sauerrahmcreme
300 g Sauerrahm
1 dl/100 ml Doppelrahm
100 g Puderzucker
1 Limette, Schale und Saft

Macadamiakrokant
1 EL Wasser
25 g Zucker
25 g Macadamianüsse

Pfirsiche
Pfirsiche schälen, halbieren und entkernen, mit Verveinezweiglein in einen Beutel füllen und vakuumieren. Mit Dämpfen 65 °C während 15 Minuten garen. 4 Pfirsichhälften mit dem Pfirsichlikör und dem Zucker pürieren, auskühlen lassen.

Sauerrahmcreme
Alle Zutaten glatt rühren, zwei Drittel des Pfirsichpürees unterrühren.

Makadamiakrokant
Wasser und Zucker aufkochen, Nüsse zugeben, bei mittlerer Hitze rühren, bis der Zucker karamellisiert und die Nüsse überzieht. Kerne auf ein Backpapier verteilen und auskühlen lassen, grob hacken.

Anrichten
Pfirsichcreme in Gläser verteilen, Sauerrahmcreme daraufgeben, Macadamiakrokant darüberstreuen.

Bouillon

Gemüsebouillon

1 Schalotte, mit Schale
1 Karotte
1 Pfälzer Rübe (gelbe Rübe: hat mehr Aroma als die Karotte)
1 Spross Stangensellerie
1 mittelgrosser Lauch (heller Teil)
1 kleiner Fenchel
2–3 Knoblauchzehen
1 Tomate, geviertelt
4 Petersilienzweiglein
2-3 l Wasser

1
Gemüse putzen/schälen und zerkleinern.

2
Alle Zutaten in einen grossen Kochtopf geben und mit kaltem Wasser bedecken, aufkochen, die Brühe bei schwacher Hitze 2 Stunden köcheln lassen.

3
Ein Spitzsieb mit einem Baumwolltuch (Passiertuch) auskleiden. Gemüsebouillon passieren.

Verwendung
für Suppen, Risotti, helle Saucen

Vorrat
Bouillon portionieren (1–2 dl) und in Vorratsdosen tiefkühlen.

Hühnerbouillon

1 Suppenhuhn
2 Kalbsfüsse, zerkleinert
1 grosse Zwiebel
1 mittelgrosser Lauch (heller Teil)
¼ Knollensellerie
3 Knoblauchzehen
1 Rosmarinzweiglein
½ TL Korianderkörner, zerstossen
10 schwarze Pfefferkörner, zerstossen
1 Gewürznelke
1 Lorbeerblatt
2 l Wasser

1

Suppenhuhn in grosse Stücke zerlegen, im Wasser 3 Minuten blanchieren, abgiessen, unter kaltem Wasser abwaschen.

2

Gemüse putzen/schälen und zerkleinern.

3

Alle Zutaten mit Wasser in den Kochtopf geben, aufkochen, Bouillon bei schwacher Hitze 2 bis 3 Stunden köcheln lassen, Schaum abschöpfen.

4

Ein Spitzsieb mit einem Baumwolltuch (Passiertuch) auskleiden. Grobe Teile mit dem Schaumlöffel aus dem Topf nehmen, Bouillon passieren.

5

Hühnerbouillon erkalten lassen. 12 Stunden in den Kühlschrank stellen. Fettschicht entfernen.

Verwendung

für Suppen, Geflügelsaucen, Risotti

Vorrat

Bouillon portionieren (1– 2 dl) und in Vorratsdosen tiefkühlen.

Fleischbouillon / -fond

1 kg Kalbsknochen
500 g Kalbsschwanz, zerkleinert
200 g Kalbsfüsse
1 mittelgrosser Lauch (nur helle Teile)
¼ Knollensellerie
3 Schalotten
1 Bundzwiebel
2 Lorbeerblätter
10 weisse Pfefferkörner, zerstossen
2 Thymianzweiglein

1

Kalbsknochen, Kalbsschwanz und Kalbsfüsse im Wasser aufkochen, abgiessen, unter kaltem Wasser abwaschen.

2

Gemüse schälen/putzen.

3

Alle Zutaten in einen grossen Kochtopf geben, mit 3 Liter kaltem Wasser auffüllen, aufkochen, Bouillon 2 bis 3 Stunden schwach köcheln lassen, Schaum abschöpfen.

4

Ein Spitzsieb mit einem Baumwolltuch (Passiertuch) auskleiden. Grobe Teile mit einen Schaumlöffel aus dem Topf nehmen. Bouillon passieren. Erkalten lassen. 12 Stunden in den Kühlschrank stellen. Fettschicht entfernen.

5

Für einen Fond die Kalbsbouillon bei schwacher Hitze auf 1 Liter einkochen lassen. Erkalten lassen. 12 Stunden in den Kühlschrank stellen. Fettschicht entfernen.

Verwendung

für Fleischsaucen, Suppen, Risotti

Vorrat

Bouillon/Fond portionieren (1–2 dl), in Vorratsdosen tiefkühlen.

Register

A
Ananas **116**
Anissamen **120**
Apfel **18, 46, 108**
Aubergine **72, 76**

B
Banane **112**
Basilikum **38, 64, 72, 98**
Baumnuss **46**
Beeren **118**
Birne **58, 120**
Birne, Dörr- **48**
Bohne, grüne **74**
Bohne, weisse **74**
Bohnenkraut **74**
Bouillon, Gemüse- **134**
Bouillon, Hühner- **135**
Bouillon, Kalbs- **136**
Brokkoli **30, 60**
Brombeere **68**
Brot, Laugen- **70**
Bulgur **104**

C
Cassislikör **88**
Chinakohl **58**
Cranberries **46**
Couscous **70, 96**
Creme, Joghurt- **128**
Creme, Sauerrahm- **130**
Croûtons **28**
Curry **24, 76, 96, 104**

D
Dattel **20, 70, 112**
Dörrfrüchte **122**

E
Ei **52**
Erdbeere **114, 128**
Estragon **128**

F
Fenchel **50**
Fenchelsamen **50**
Fisch, Dorsch **98**
Fisch, Egli **104**
Fisch, Forelle **48**
Fisch, Lachs **50, 102**
Fisch, Saibling **92**
Fisch, Seeteufel **88**
Fisch, Steinbutt **96**
Fisch, Thun- **86**
Fisch, Wolfsbarsch **90**
Fisch, Zander **94**
Flan, Schokoladen- **108**
Fleisch, Entenbrust **68**
Fleisch, Kalb- **18, 26, 58**
Fleisch, Lamm- **24, 70, 74, 78**
Fleisch, Poulet- **62, 64, 76**
Fleisch, Rind- **40, 56**
Fleisch, Schweins- **80, 82**
Frites, Kartoffel **62**
Frites, Süsskartoffel **62**
Frühlingsrolle, süsse **112**

G
Gerste **86**
Glace, Honig- **120**
Glace, Macis-Zimt- **122**
Glace, Pistazien- **112**
Gnocchi **88**
Grissini **122**
Grüntee **94**
Gurke **48, 78**

H
Hackfleischbällchen **26**
Haferflocken **116**
Haselnuss **58**
Hibiskusblüte **114**
Himbeere **126**
Honig **120**
Honig, Rosmarin- **46**

I
Ingwer **22, 36, 76, 104, 126, 128**

J
Joghurt **78, 114, 118, 128**

K
Kamille **36**
Kapern **90**
Karotte **60, 70, 104**
Karottensaft **70**
Kartoffel **52, 60, 62, 78, 82, 88, 90, 98, 102**
Käse, Belper Knolle **52**
Käse, Gorgonzola **32, 88**
Käse, Mozzarella **44**
Käse, Sbrinz **34, 64, 68**
Käse, Taleggio **56**
Käse, Ziegenweich- **46**
Kefe **76, 104**
Kerbel **102**
Ketchup **62**
Kichererbse **20**
Knackerbse **76**
Knöpfli **58**
Kokosnuss **124**
Kokosnussflocken **22**
Kokosnusslikör **124**
Kokosnussmilch **22, 76**
Kompott, Apfel- **46, 110**
Kompott, Johannisbeer- **128**
Kompott, Kirschen- **124**
Kompott, Rhabarber-Himbeeren- **126**
Koriander **76, 96**
Kresse **42**
Krevette **20**
Krokant, Macadamianuss- **120**
Küchlein, Schokoladen- **110**
Kümmel **42**
Kürbis **108**

L
Lauch **34**
Linsen **28, 92**

M
Macadamianuss **130**
Maisgriess **68, 92**
Mandel **102**
Mango **94**
Marroni **18**
Meerrettich **40**
Melone **24**
Minze **48**
Mohnsamen **82**
Mousse, Joghurt- **114**
Mousse, Wasabi- **48**
Mousse, Zitronen- **126**
Muschel, Jakobs- **22**

N
Nudeln **80**

O
Olive **44, 64, 72**
Orange **50, 92, 108**
Orangeat **108**
Oregano **44, 98**

P
Peperoni **24, 40, 72, 76, 80, 86, 98**
Pfirsich **130**
Pflaume, Dörr- **82**
Pilze **56, 64**
Pistazie **112**
Polenta **68, 92**
Preiselbeersaft **118**
Püree, Bohnen-, weisses **74**
Püree, Kartoffel- **52, 60, 98**

R
Rande **22**
Ratatouille **98**
Reis **56, 64, 76, 94**
Rhabarber **126**
Risotto **56, 64**
Roastbeef **40**
Rohschinken **18**
Rosmarin **18, 26, 40, 46, 58, 62, 64, 72, 78, 82, 98**
Rösti, Kartoffel- **78**
Rucola **40, 104**

S
Safran **26, 34**
Salbei **18, 80**
Sardelle **98**
Sauce, Ketchup **62**
Sauce, Kürbis- **108**
Sauce, Meerrettich- **40**
Sauce, Joghurt-Minze- **78**
Sauce, Koriander- **96**
Sauce, Peperoni- **80, 86**
Sauce, Pflaumen- **82**
Sauce, Ratatouille- **72**
Sauce, Rotwein- **88**
Sauce, Speck- **58**
Sauce, Tomtenhollandaise **38**
Sauerkraut **90**
Scampi **36**
Sellerie, Knollen- **60**
Sellerie, Stangen- **96**
Sesamsamen **104**
Sorbet, Basilikum- **72**
Sorbet, Erdbeer- **128**
Soufflé, süss **124**
Spargel **38, 102**
Speck **28, 42, 48, 88**
Spinat **88**
Sultanine **42, 96**
Süssholz **116**
Süsskartoffel **62**

Sch
Schalotte **36**
Schaum, Karotten- **70**
Schaum, Kokosnuss- **22**
Schaum, Macis- **68**
Schaum, Mango- **94**
Schinken, Landrauch- **52, 64**
Schokolade **108**
Schokolade, weisse **110**
Schupfnudeln **82**

St
Sternanis **86, 120**
Streusel, Haferflocken- **116**

T
Tartelette **46**
Teig, Biskuit- **110**
Teig, Blätter- **46, 118**
Teig, Brioche- **72**
Teig, Crêpe- **34**
Teig, Gnocchi- **88**
Teig, Grissini- **122**
Teig, Knöpfli- **58**
Teig, Nudel- **80**
Teig, Sablé- **44**
Teig, Schupfnudel- **82**
Teig, Soufflé, süss **124**
Teig, Strudel- **112**
Thymian **34, 36, 40, 56, 58, 64, 72, 98, 104**
Tomate **20, 38, 44, 62, 64, 98**
Tonkabohne **108**
Trevisano **68**

V
Vanille **28, 90, 108, 110, 126**
Verveine **130**

W
Wasabi **48**
Weizengriess **82**
Wermut **26, 38, 64**
Wurst **30, 80**

Z
Zitronengras **76, 94, 96, 124**
Zitronenmelisse **118**
Zitronenthymian **20**
Zitronenverbene **50**
Zucchino **72, 98**
Zuckermais **26, 76**
Zwiebel **42**

Sous-vide-Garen

Ananas **116**
Apfel **46, 110**
Banane **112**
Beeren **118**
Birne **120**
Brokkoli **30**
Dorsch **98**
Egli **104**
Ei **52**
Entenbrust **68**
Erdbeere **114**
Fenchel **50**
Gurke **48**
Honigglace **120**
Jakobsmuschel **22**
Johannisbeere **128**
Kalbfleisch vom Nierstück **72**
Kalbsbäggli **60**
Kalbsröllchen **18**
Kalbsrücken **58**
Kirsche **124**
Krevetten **20**
Kürbis **108**
Lachs **102**
Lammhuft **74**
Lammnierstück **70**
Lammrack **78**
Lauch **34**
Linsen **28**
Macis-Zimt-Glace **122**
Melone **24**
Peperoni **24**
Pfirsich **130**
Pistazienglace **112**
Pouletbrust **64, 76**
Pouletschenkel **62**
Rhabarber **126**
Rindsfilet **56**
Roastbeef (Rindfleisch) **40**
Saibling **92**
Scampi **36**
Schweinsfilet **82**
Schweinskotelett **80**
Seeteufel **88**
Spargel **38**
Steinbutt **96**
Thunfisch **86**
Tomate **44**
Wolfsbarsch **90**
Zander **94**
Zuckermais **26**
Zwiebel **42**

Wo nicht vermekt, sind die Rezepte für 4 Personen berechnet.

Abkürzungen

EL	gestrichener Esslöffel
TL	gestrichener Teelöffel
dl	Deziliter
ml	Milliliter
Msp	Messerspitze

Akteure

Claudia Casarramona arbeitet als Hauswirtschaftslehrerin. Sie erteilt aber auch Kochkurse, ist eine leidenschaftliche Tüftlerin und Gastgeberin und hat eine grosse Erfahrung als Rezeptautorin. Ihre Kreationen sind frisch und die Lebensmittel-Kombinationen oft unkonventionell.

Andreas Thumm begann 1981 ein Studium der Rechtswissenschaften in Freiburg. Seine persönliche Leidenschaft galt allerdings immer der Fotografie. Daher startete er 1986 als Assistent eines der renommiertesten Food-Fotografen Deutschlands seine professionelle Karriere. Nach sechs Jahren gründete er sein eigenes Studio in Freiburg.